匹克球运动教程

主　编　卢三妹　张晓萍　吕　立
副主编　罗书杰　于江杨　王　一
　　　　王庆民

广东高等教育出版社
Guangdong Higher Education Press
·广州·

图书在版编目（CIP）数据

匹克球运动教程 / 卢三妹，张晓萍，吕立主编．—广州：广东高等教育出版社，2022.7（2025.8 重印）

ISBN 978-7-5361-7262-3

Ⅰ．①匹…　Ⅱ．①卢…　②张…　③吕…　Ⅲ．①球类运动－教材　Ⅳ．①G849.9

中国版本图书馆 CIP 数据核字（2022）第 099045 号

PIKEQIU YUNDONG JIAOCHENG

出版发行	广东高等教育出版社 地址：广州市天河区林和西横路 邮编：510500　　营销电话：（020）87553335 网址：www.gdgjs.com.cn
印　　刷	广东鹏腾宇文化创新有限公司
开　　本	787 mm × 1 092 mm　1/16
印　　张	10.25
字　　数	123 千
版　　次	2022 年 7 月第 1 版
印　　次	2025 年 8 月第 5 次印刷
定　　价	45.00 元

目录

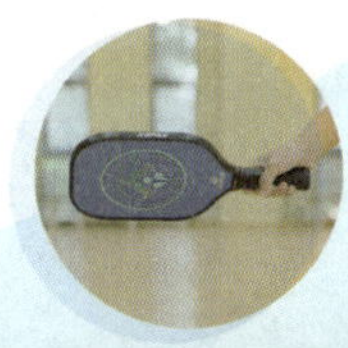

第一章
匹克球运动概述

第一节　匹克球运动简介

一、简介

匹克球是一项结合了网球、羽毛球和乒乓球等多个项目元素的手板球运动。比赛使用一种穿孔的聚合物球，在一个与羽毛球双打相同尺寸的场地上进行，场地上设有网球样式的球网。球场隔网分成两个场区，每个场区分为左、右发球区，在靠近球网的两侧各有一个非截击区。

比赛可以在室外或室内进行。比赛的形式有单打比赛、双打比赛、混合双打比赛，双打比赛目前比较流行，因此本书更注重匹克球双打的介绍。

比赛从一名运动员向斜对角的对手隔网低手将球发出开始。发球方和接发球方都必须在球落地反弹后才能击球。之后，双方运动员继续按照规则将球击至网的另一边，直到一方赢得该回合的比赛。匹克球是控制落点和耐心的竞技，不是气力和蛮力的竞技。匹克球比赛禁止在网前7英尺（2.13米）区域内（即非截击区）截击，减轻了网前过强的扣杀。

匹克球的比赛得分制通常有两种，分别是发球得分制和直接得分制。采用发球得分制时，只有发球方才能得分，发球方轮流变换发球区域继续发球，直到输掉一个回合。采用直接得分制时，当发球方的分数为偶数（0、2、4等），发球员均从右发球区域发球；当发球方的分数为奇数（1、3、5等），发球员均应从左发球区域发球。发球方每得一分，原发球员需要变换发球区域再发球。通常情况下，发球得分制一局比赛的分数为11分，且需至少领先2分方可获胜。直接得分制一局比赛的分数为21分。

二、项目特征

1. 两次弹地规则：球发出后，发球方和接发球方必须让球在己方场地弹地一次后才可击球。

2. 非截击区规则：非截击区是指球网两侧的场区中与球网平行相距2.13米的区域。运动员在非截击区内不得对球进行截击。

第二节　匹克球运动的特点和锻炼价值

一、匹克球运动的特点

（一）技术简单易学

匹克球运动发明之初，就是为了吸引孩子，满足他们运动娱乐的需求，独特的设计初衷，使得该运动形成了独树一帜的运动风格。匹克球拍采用了柔韧性高的纤维材料，球为空心球、反弹力不强，匹克球的落地击球规则，使得匹克球比打乒乓球简单。在国外，很多在轮椅上的残疾人经过简单的学习，也可以参与到这项运动中来，可以说简单易学是这项运动最大的特点。

（二）设备简单

匹克球运动使用的球拍外形类似乒乓球拍，但比乒乓球拍略大，最早是木制球拍，目前有碳纤维、聚乙烯（PE）等材质的球拍；使用的球大小如网球，为硬塑料制成的薄壳中空球，球体有26～40个直径约1厘米的圆孔；对场地要求不高，大小与羽毛球双打场地相同。许多学校和社区都有羽毛球场、网球场和篮球场，将这些场地进行简单的改造，便可得到许多片匹克球场地。

（三）参与人群大众化

匹克球是适合所有年龄段人群的运动，也是适合整个家庭一起玩的运动项目。匹克球简单易学，容易上手，战术和技术并不复杂，不易犯错。参与者可以为各个年龄阶段的运动爱好者。匹克球的运动量和运动强度比网球小，和羽毛球相差无几，比乒乓球的运动量大，但匹克球的飞行速度慢，不容易产生运动损伤，适合大多数人群。

（四）社交运动

匹克球运动最初是一种家庭体育活动，这种家庭式体育活动既增加了各个家庭之间的彼此团结，又调节了人们的生活。同时匹克球又是一种社交运动，有单打、双打、混合双打等形式。匹克球运动可以满足参与者不同的社交需求，可以使得参与者暂时从繁忙的工作、学习中解脱出来，提高参与者的愉悦感。

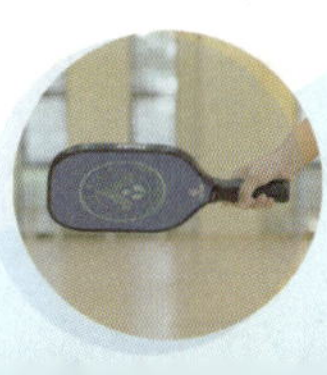

二、匹克球运动的锻炼价值

（一）全面锻炼各项身体机能，延缓衰老

身体素质是身体发育状况和生理功能状况的综合表现。长期的匹克球锻炼，可提高人的速度、力量、柔韧性、灵敏性、耐力等身体素质，从而提高人体的运动能力，对年龄较大的匹克球运动参与者而言可以大大延缓运动能力的下降过程。匹克球运动是既有有氧又有无氧供能的运动。运动员在比赛过程中，要及时做出判断，不断前进或后退、左移或右移、急停或猛扣等。无论是在力量、速度、耐力还是柔韧性和灵敏性方面，一个匹克球运动员都必须具备良好的素质。特别是匹克球运动是靠网前得分的，所以运动员在发球或接发球之后都积极争取时机，跑到近网处做凌空截击或网前丁克，这时要照顾到前、后、左、右四个方位的来球，如果没有精确的预测能力、快速的灵敏反应，以及熟练的截击、丁克、高压技术，就不能适应匹克球特有的打法。可见，只有具备了良好的身体素质，才能保证匹克球技术、战术的正常发挥。也就是说，匹克球运动对发展人的全面的身体素质具有积极的促进作用。由于身体各系统经常得到锻炼，人体长期处于一个积极的、良性的发展状态，这对控制体重、减少心血管疾病、预防骨质疏松、延缓衰老、保持生命活力等都有良好的作用。

（二）休闲娱乐、陶冶情操、结交朋友

匹克球是一项令人“上瘾”的运动。球员在球场上积极奔跑，直线、斜线，正手、反手，上网截击、网前丁克球，所有的一切都可以带来无穷的乐趣，在生理和心理上都会产生不同程度的愉悦感。尤其是在家庭户外运动聚会中，随机两人就可以组队，无论是

家长、孩子还是老人都可以自成一队，在比赛中更是充满着欢乐，匹克球运动就是一个家庭成员间的娱乐游戏，这也是其他竞技类体育运动项目无法比拟的。现代社会随着生活节奏的加快，压力也随之加大，焦虑、抑郁等不良心理状态的人群也随之扩大。在业余时间，约上球友去匹克球场进行一场挥汗如雨的匹克球比赛，无论是单打还是双打，人们通过满场地奔跑，有力地击球，大声地吼叫，都可以释放和缓解生活中的压力，并能给自己的身心带来放松和愉悦。同时，通过切磋球技，可以结交朋友，增进彼此之间的友谊。

（三）培养人的心理品质

匹克球运动是一项需要全身各部位肌肉参与的运动。若是单打比赛，场上只有自己和对手，场上所有的难题只能依靠自己去解决，因此匹克球运动也是一项智力对抗运动。每一局比赛中，选手都要去了解和分析对方的技战术特点、习惯打法，根据赛场出现的一些情况及时地调整自己的打法。为了尽可能得分，选手们的精神要高度集中，每球必争。特别是在关键球上，心理素质好的选手往往就能比较轻松拿下比赛，反之则可能一败涂地。因此，经常参加匹克球比赛，有助于锻炼意志，培养自信和临危不惧等优良的心理品质。

第三节 匹克球运动发展概况

一、匹克球运动国外发展概况

匹克球运动是1965年乔尔·普里查德和比尔·贝尔在本布里奇岛上的普里查德家中发明的，在家庭烧烤时，为了给他们各自的家人找点乐趣，尤其是家中的孩子们，家里一个旧的室外羽毛球场便成为他们家庭娱乐游戏的场所。家庭成员们用一个大的乒乓球拍在一个60英寸（152.4厘米）高的简易网上截击一个塑料球。他们很快发现球在沥青路面上弹得很好，于是他们把网降到36英寸（91.44厘米）。巴尼·麦卡伦在接下来的周末访问中，也参与到这项运动中。他们三人创造了简单的规则，并且忠实于最初的目标，即创造一个全家都可以一起玩的运动。三人设计的运动对所有的家庭成员来说都很有趣，很快就变成了普里查德一家的日常活动。

图1–1　1965年匹克球运动发明的试用场地

图1–2　最早的木制球拍

关于“匹克球”这个名字的来历有不同的说法。2013年7月16日《华尔街日报》中说道：“这个名字不是像大家所说的那样，并不是来源于家里的小狗的名字（匹克）。”据普里查德妻子琼在某报社写的专栏，匹克球这个名字主要是基于其他运动，可能来源于名为“pickle船”的划艇。而关于这项运动是以那只追球的狗“匹克”命名的说法则为大众普遍接受。也有人认为这两个说法实际上可能都是真的。不管是哪个说法，匹克球这个名字一直流传至今。

这项运动渐渐流行起来后，第一届匹克球世界锦标赛于1976年春在华盛顿图克维拉的南中心运动俱乐部举行。许多参与者都是大学网球运动员。事实上，他们都不太了解匹克球，平时他们用大球拍和棒球大小的威浮球进行训练。

随着越来越多的人参与这项运动，并想参加更高级别的比赛，拟定比赛规则就显得尤为重要。因此，美国匹克球协会（USAPA）于1984年3月出版了第一本匹克球规则书。所有关于匹克球的内容都可以在USAPA的网站上找到。此外，2010年还成立了国际匹克球联合会（IFP），并于同年推出了第一本规则手册。USAPA现在承认IFP官方比赛规则手册作为全球比赛的官方参考。

2003年，匹克球第一次被列入犹他州圣乔治的亨茨曼世界老年运动会。该运动会起源于1987年，是全球最大的为50岁及以上运动员举办的世界年度运动会。运动会的任务是促进全球和平、健康与友谊。匹克球在这个运动会上的知名度使更多的人参与到这项运动中。

在发源地美国，匹克球创立至今已有50多年，在20世纪90年代初已成为全美各大州大中小学里体育课的常规课程，现在仅纽约州就有近千所学校开设匹克球专业课程。根据USAPA不完全统计，目前大概有50个州建立了匹克球俱乐部，有大约300万人玩匹克球。匹克球在欧美地区民间盛行，已经成为一种常态化的休闲体育锻炼，据不完全统计，每年的匹克球赛事已达5000多场。最近10年，匹克球运动发展迅速，逐渐走向全球，成为风靡全球的体育项目。匹克球初创时期，比赛主要是在家庭后院的硬地上进行，之后发展到街头巷尾的任何一块平地上举行。20世纪七八十年代后，匹克球从家庭消遣发展成有正式规则的体育赛事，比赛地点逐渐扩展到美国、加拿大和西班牙等地的学校、俱乐部和休闲中心。

目前，匹克球运动传播到近80个国家。世界匹克球联合会（WPF）、国际匹克球教练协会（IPTPA）在提供匹克球运动的统筹发展和规则以及教练认证方面设立了世界标准。世界匹克球联合会、亚洲匹克球联合会、欧洲匹克球联合会、北美匹克球联合会、南美匹克球联合会、非洲匹克球联合会已相继建立了匹克球会员组织。近年来，亚洲的印度、日本、韩国、泰国、马来西亚相继成立匹克球协会，新加坡是开展匹克球运动历史最悠久的亚洲国家（已有30年历史）。资料显示截至2018年，在欧美及亚太地区有近1.8万多个匹克球室内和室外场地，全球匹克球运动的参与人数呈指数级增长，其中，北美地区常年参与匹克球运动的人数达700万左右。

当前国际上匹克球运动兴起的国家，每年都会举办全国性的公开赛、锦标赛或者国际性的公开赛、锦标赛。泰国曼谷于2019年3月5日举行了国际匹克球3.0级别公开赛，吸引了来自世界各地43个国家或地区参加。同年日本大阪（6月）、澳大利亚悉尼（9月）、新西兰（10月）分别举行2019国际匹克球公开赛。

2019年世界匹克球联合会普查数据显示，近6年匹克球运动以675倍的速度迅猛发展，是世界上发展最快的群体性项目之一，正影响着整个世界的手板球运动。

匹克球比赛已入选2024年巴黎奥运会表演项目，争取未来成为奥运会的正式比赛项目。

二、匹克球运动国内发展概况

广州是中国最早开展匹克球运动的城市。20世纪90年代，王庆民先生在美留学期间开始接触和系统学习匹克球运动，2010年他将这项国际上新兴的隔网击球，集乒乓球、羽毛球、网球于一身的混合运动首先引进广州。

2017年10月18日，在深圳市体委、市民政局等有关部门关心和支持下，深圳市匹克球协会正式成立，推动了匹克球运动在中国的传播。目前该协会拥有8名国际匹克球教练，着眼于创建公益的匹克球平台。2019年8月，广州市匹克球协会成立，进一步促进了匹克球运动在中国的普及、推广。随后，珠海、佛山和肇庆相继成立匹克球协会。此外，安徽的滁州也成立匹克球协会以及国际匹克球联合会安徽联络处，标志着匹克球运动已经从广东逐渐向其他省份发展。上海、北京、沈阳、大连、青岛等城市积极开展匹克球活动，匹克球协会也在申办中。据世界匹克球联合会数据显示，中国匹克球爱好者有1.6万～1.8万人。

竞赛作为推动项目发展的一个重要手段，在匹克球整个项目体系发展的过程中处于核心的位置。2018年10月28日举办了首届粤港澳大湾区匹克球邀请赛（见图1–3、图1–4）。2019年，在广州市体育局群体处、海珠区文广新局的指导和支持下，第一届广州匹克球邀请赛在珠江中学体育馆举行，来自广州、广东轻工职业技术学院、广东华侨中学、佛山、香港特别行政区、澳门特别行政区、新加坡、中国台湾等8支球队，近100多名运动员参加了混合团体、男子双打、女子双打、混合双打四个项目的争夺（见图1–5）。2020年7月24日，首届国际匹克球裁判训练班在广州开班，培训班由国际匹克球培训学院授权，广州国际匹克球测试与认证中心、全球华人匹克球联合总会（中国区）主办，广州翎健体育有限公司、广州市匹克球协会技术委员会承办。同年8月27日，由广州市群众体育指导中心主办，广州市匹克球协会承办，广州市工人体育场、广州市体育彩票管理中心协办，广州市总工会指导的广州市第十六届体育节匹克球技术等级培训班在广州市工人体育场举行，近百名爱好者参加。2021年9月11日，在珠海体育中心举办了珠海市民健身运动会匹克球公开赛暨第二届珠澳匹克球邀请赛（见图1–6），本次比赛由珠海市文化旅游体育局指导，珠海市体育总会主办，珠海市匹克球协会、澳门匹克球体育协会承办，全球华人匹克球中国联合会、广州市匹克球协会作为特别支持，共有珠澳两地24支队伍，逾200名匹克球爱好者参加，广州市匹克球协会受主办方邀请前来进行友好交流。本次比赛的竞赛规则还首次执行了广州市匹克球协会最新修订的“直接得分制”的赛制，不仅令比赛节奏更紧凑，提升了观赏性与刺激性，还大大缩短了比赛时间，为更多群众参与赛事创造了条件，这也开启了“直接得分制”成为匹克球运动主流赛制的先河，走上匹克球运动赢得更多受众的必经之路。2021年12月11日在华南农业大学举办了广东省第一届大学生匹克球锦标赛（见图1–7），本次比赛分甲、乙、丙三组，每组均设男女单、双打和混合双打比赛，通过第一阶段的分组单循环赛和第二阶段的单淘汰赛决出前八名，全省共有24所大学的30支队伍382名运动员参赛。本次赛事不仅是广东省首届，也是中国大学生首个匹克球省级锦标赛，而且在华南农业大学新建成的全国单片面积最大（14片）、按国际标准建造的室外专业匹克球场地进行，均创历史先河。

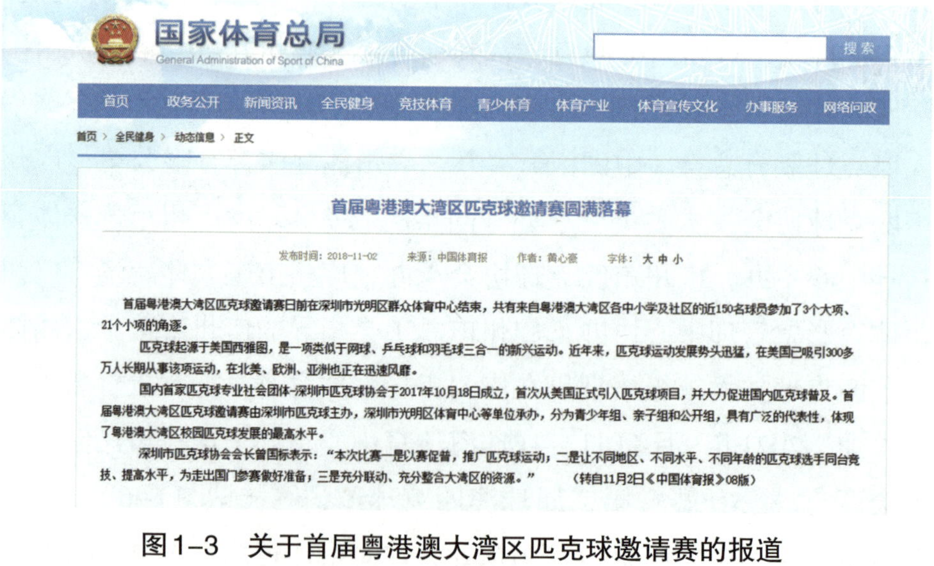

国家体育总局
General Administration of Sport of China

搜索

首页 政务公开 新闻资讯 全民健身 竞技体育 青少体育 体育产业 体育宣传文化 办事服务 网络问政

首页 > 全民健身 > 动态信息 > 正文

首届粤港澳大湾区匹克球邀请赛圆满落幕

发布时间：2018-11-02　来源：中国体育报　作者：黄心豪　字体：大 中 小

首届粤港澳大湾区匹克球邀请赛日前在深圳市光明区群众体育中心结束，共有来自粤港澳大湾区各中小学及社区的近150名球员参加了3个大项、21个小项的角逐。

匹克球起源于美国西雅图，是一项类似于网球、乒乓球和羽毛球三合一的新兴运动。近年来，匹克球运动发展势头迅猛，在美国已吸引300多万人长期从事该项运动，在北美、欧洲、亚洲也正在迅速风靡。

国内首家匹克球专业社会团体-深圳市匹克球协会于2017年10月18日成立，首次从美国正式引入匹克球项目，并大力促进国内匹克球普及。首届粤港澳大湾区匹克球邀请赛由深圳市匹克球主办，深圳市光明区体育中心等单位承办，分为青少年组、亲子组和公开组，具有广泛的代表性，体现了粤港澳大湾区校园匹克球发展的最高水平。

深圳市匹克球协会会长曾国标表示：“本次比赛一是以赛促普，推广匹克球运动；二是让不同地区、不同水平、不同年龄的匹克球选手同台竞技、提高水平，为走出国门参赛做好准备；三是充分联动、充分整合大湾区的资源。”　（转自11月2日《中国体育报》08版）

图1–3　关于首届粤港澳大湾区匹克球邀请赛的报道

图1–4　关于首届粤港澳大湾区匹克球邀请赛的电视新闻报道

图1–5　2019广州匹克球邀请赛

图1-6　2021珠海市民健身运动会匹克球公开赛暨第二届珠澳匹克球邀请赛

图1-7　2021年广东省第一届大学生匹克球锦标赛

匹克球在学校课程建设和教学方面的发展也是非常迅猛的，2018年开始深圳桃源中学、广东轻工职业技术学院、广东华侨中学、黄埔区东荟花园小学先后开设匹克球课程，而华南农业大学也是国内第一所开设匹克球体育课程的本科高校。大批青少年掌握了匹克球技术并进行传播，为匹克球运动的推广注入了新鲜的血液。

在匹克球师资培养和裁判培训方面，2018年6月，时任国际匹克球教练协会（IPA）主席维夫一行来到广州与全球华人匹克球广州分会举办了首届国际匹克球教练员（广州站）培训班，经过严格的考核，广州市匹克球运动中心6名选手以优异的成绩获颁中国地区第一批国际匹克球教练员证书。2018年至2020年期间，IPA在广州举办了3期国际裁判员、2期教练员培训班，培训出国际裁判员资格认证、教练员资格认证100人以上。2021年5月，由广东省教育厅指导，广东省学生体育艺术联合会、广州市匹克球协会联合主办，华南农业大学承办2021年广东省学校匹克球教练员培训班（见图1-8），此次培训班吸引了全省包括华南理工大学、华南农业大学在内的18所本科和高职院校、27所专职学院的教职工及12所中小学的教师，近120名学员参加。本次培训班有助于各所学校规范培养匹克球的教练员和裁判员，他们也将作为运动的倡导者，在各学校中推广匹克球项目，为匹克球项目在校园拓展迈出了重要而坚实的一步。同年12月4日，广东省首届匹克球裁判员培训班在华南农业大学举行（见图1-9），近80名学员参加，培训内容包括匹克球竞赛基本规则、匹克球裁判法以及临场实操训练，而本次培训班最大的亮点是发布《匹克球竞赛规则手册》（2021年版）（见图1-10），这是全国第一本正式出台的匹克球竞赛规则，手册重点增加和修订了以“直接得分制”为核心的新内容，为全国各地的匹克球比赛提供统一的竞技准则。

匹克球在国内的发展突飞猛进，得到越来越多的大中小学教师和运动爱好者的关注，而华南农业大学作为广州市匹克球协会的理事单位、广州市首家匹克球合作推广培训基地，为匹克球进入大学校园做出了重要的贡献。在华南农业大学举办的广东省首届学校匹克球教练员培训班、裁判培训班以及广东省首届大学生匹克球锦标赛也相继得到了《广州日报》、广东体育频道、《人民日报》的相关报道，其影响深远。

图1-8　2021年广东省学校匹克球教练员培训班

图1-9　2021年广东省学校匹克球裁判员培训班

图1-10 《匹克球竞赛规则手册》（2021年版）发布

第四节　世界匹克球运动的主要组织机构

一、世界匹克球联合会（World Pickleball Federation，WPF）

WPF旨在通过提供实际支持和治理来推动全球匹克球的发展。WPF由代表世界各大洲的6个联合会组成。每个联合会都对其区域内每个国家或地区提供帮助。WPF致力于通过提供以下资源来协助组织成员：资金和创收、获得IPTPA教师培训和评级评估、俱乐部和锦标赛的方案策划。

二、国际匹克球学院（International Pickleball Academy，IPA）

IPA是世界权威匹克球国际组织之一，总部设在美国西雅图。IPA是非营利性公益机构，支持各地建立专业球会，遵循国际规范训练球员、教练、裁判，技术共享互利互惠。IPA致力于服务亚洲华人匹克球组织，提供技术等级，以及教练、裁判资格的认证。

三、美国匹克球协会（USA Pickleball Association，USAPA）

美国匹克球协会（USAPA）是美国匹克球运动的国家管理机构，为球员提供官方规则、锦标赛、排名和宣传材料。该协会是一家非营利性公司，由董事会和专业人员管理，他们为这项运动的持续发展和增长提供指导和技术支持。

四、国际匹克球联合会（The International Federation of Pickleball，IFP）

国际匹克球联合会（IFP）是匹克球的世界管理机构，其成立是为了推动这项运动在全世界的发展和壮大。IFP的目标是向世界各地介绍匹克球运动，使他们能够将这项运动作为本地区的一项运动，并最终获得国际奥委会（IOC）的官方认可，从而将匹克球确立为奥林匹克运动项目。IFP是一个非营利性志愿者组织，致力于促进匹克球国际比赛，维护匹克球的官方规则，并为匹克球运动员提供全球行为准则。

第二章
匹克球基本技术和练习方法

第一节　握拍法与准备姿势

在匹克球运动中，最基本的就是握拍法，它能直接影响拍面接触球的角度，不同的握拍方法产生不同的击球效果，从而出现不同的打法，因此合理的握拍方法是保证击球效果的前提。不管采用何种握拍方式，必须清楚一点，就是在不同的击球手段、不同的场地以及不同的情景下，需要在标准的握拍方式基础上进行微调。

从匹克球拍的底部看，球拍拍柄底部可分为上下平面、左右侧面（垂直面）及4个斜面，如图2-1所示。

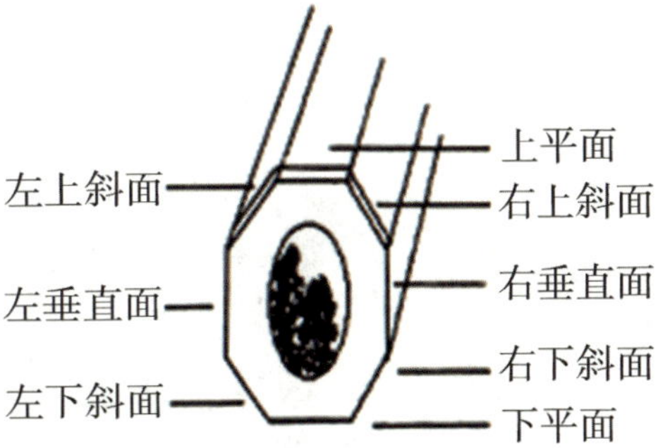

图2-1　球拍拍柄的各个面

一、握拍法

（一）匹克球的握拍方法可分为大陆式和东方式两种握拍法

1. 大陆式握拍法握拍要领：大拇指与食指形成的“V”字形虎口，对准拍柄的上平面与左上斜面的交界处。手掌心贴拍柄，手指自然伸展握住拍柄，如图2-2所示。

图2-2　大陆式握拍法

大陆式握拍的优点是正反手击球时不需要调整握拍法，加快网前截击时正拍和反拍攻防转换。此握拍法适用于臂力、腕力较强的人。对于底线击球、截击球以及高压球都适用，特别是处理网前球很方便。

2. 东方式握拍法可分为东方式正手握拍法和东方式反手握拍法。

（1）东方式正手握拍法。东方式正手握拍法是“V”字形虎口对准拍柄右上斜面与上平面的交界处。手掌心贴拍柄，手指自然伸展握住拍柄，如图2-3所示。

（2）东方式反手握拍法。东方式反手握拍法是“V”字形虎口对准拍柄左上斜面。手掌心贴拍柄，手指自然伸展握住拍柄，如图2-4所示。

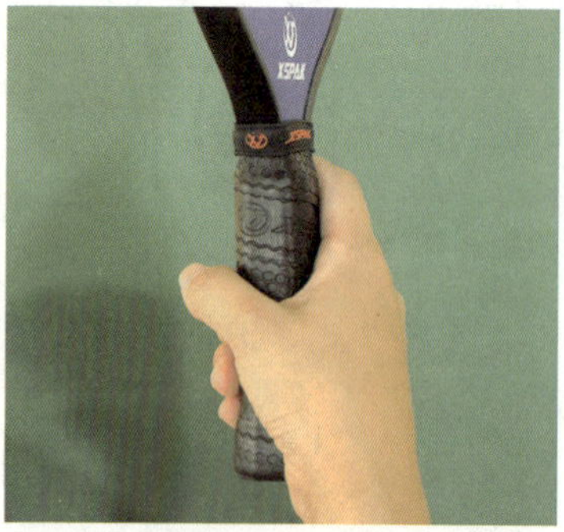

图2-3　东方式正手握拍法

图2-4　东方式反手握拍法

东方式握拍法的优点：便于正手抽球、击球时发力，运用灵活、能够打出上旋球或强有力的平击球，并且很容易转换成其他握拍方式。

（二）握拍方法的选择

不同的技术对应不同的握拍方法，如发球、高压、截击技术采用大陆式握拍，底线正反拍则可以根据球的飞行高度、个人的技术水平以及身体能力来进行选择。例如，实践击球中，采用大陆式握拍更易击到低于膝盖下水平线位置的来球，采用东方式握拍的最佳击球高度在膝盖与腰部之间。初学者通常更习惯采用大陆式握拍来击球，因为不用考虑任何拍面的角度就能对准来球。匹克球技术水平较高的运动员可以根据不同的来球对应不同的握拍方法；儿童、女性等初学者可以根据自己的能力来选择一种适合自己的握拍方法。

（三）握拍法的练习方法

1. 根据各种握拍动作要领进行各种握拍练习，找到最合适的握拍方法。

2. 结合各种击球方式进行不同的握拍方法练习，有些握拍方法在击球时需要正反手转换。

3. 练习者在教师或教练员的示范下，严格遵循各种握拍法的动作要求进行认真练习，结合自身使用握拍法的实际情况思考和体会。

（四）拍面角度

根据球拍击球时与来球形成的角度不同分为三种拍面，即垂直拍面、开放拍面、关闭拍面，不同的技术动作所采用的拍面角度是不一样的，不同的拍面角度使拍面接触球不同的部位。比如平击球，拍面垂直于地面，接触球的后中部；削球，拍面后仰，击球的中下部。由此可见，了解这些拍面角度之间的差异及其对击球的影响将有助于初学者决定何时使用它们以及理解为什么使用它们。

1．垂直拍面。

垂直拍面是指拍面与来球垂直，如图2–5所示。这样贯穿球中心的击球线路，能打出穿透力十足的平击球。如果想打一个刚好过网的球，保持拍面垂直。在正反手击球和发球以及一些截击时，用它来保持球的低位。

(a)　　　　(b)

图2–5　垂直拍面

2．开放拍面。

开放拍面是指拍面与来球夹角大于90度，如图2–6所示。开放的程度各不相同，取决于击球时球的高度。如果击球时球在网顶以下（弹跳之前或之后），这时则需轻轻打开拍面，使球向上，轻轻过网。在发球、高球、半截击、一些旋转击球和球低时的其他击球时，使用开放的拍面。

（a）　　　　（b）

图2-6　开放拍面

3．关闭拍面。

关闭拍面是指拍面与来球夹角约45度，如图2-7所示。这样的拍面往往能充分地接触球的表面，给球充分的旋转，但如果挥拍轨迹直线向前，球的飞行轨迹向下，容易造成下网。在关闭拍面的基础上，只要稍微改变挥拍轨迹，让上旋与力量兼备，就能打出有质量的上旋球。关闭拍面一般用于扣球、高截击和一些旋转球。

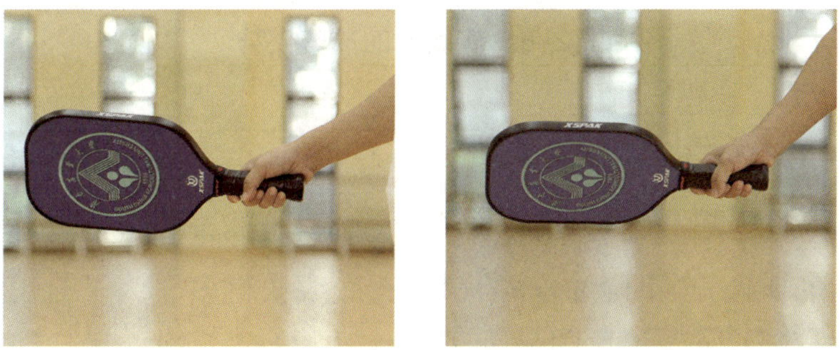

（a）　　　　（b）

图2-7　关闭拍面

二、准备姿势

匹克球中的准备姿势有两种：一种是在底线区的准备姿势，一种是在非截击区的准备姿势。

（一）底线区的准备姿势

身体面对球网，两脚自然开立，两膝微屈，上体稍前倾，身体的重心落在前脚掌上。两臂屈肘，一手持拍，另一手轻扶拍颈举至胸前，将拍头向上翘起，双臂放松；持拍手拇指和食指扣住拍柄，余指则轻触拍柄。身体平衡可自由移动，眼睛紧盯着球，如图2–8所示。

图2–8　底线区的准备姿势

（二）非截击区的准备姿势

匹克球非截击区的准备姿势与底线区的准备姿势略有不同。这是因为在非截击区时，击球的速度比底线快得多，为了打出这些快速的截击，需要一个不同的准备姿势。

基本的站姿和底线区准备姿势一样，只是当运动员靠近网时，应该用力握着球拍并抬至与胸同高，这样可以很好地回球，把重击的球击出球网，如图2–9所示。如果运动员把球拍举得太低，则需要花费更多的时间去找发力截击的位置，有可能会打出一个不稳定的球，或者把球打入网中。

图2–9 非截击区的准备姿势

三、熟悉球性

无论哪种球类运动，对于球感的培养都非常重要，在匹克球运动中也是一样的。熟悉了匹克球的球性，才能在各项技术的学习和运用中事半功倍。下面介绍几种球感练习方法供大家学习。

（一）熟悉球性的练习方法

1．凌空颠球。

一名球员将球垂直抛出，让球连续在球拍上稳定地垂直弹起和落下，如图2–10所示。

2．正反手落地颠球。

一名球员将球拍拍面垂直于地面，用球拍的拍面拍球，尽可能保持连续反弹，如图2–11所示。

3．对墙击球。

一名球员与墙保持一定的距离，用球拍将球击向墙壁，用正反手底线技术、切削技术继续将反弹球击向墙壁，反复练习，并注意控制击球力量和方向，如图2–12所示。

图2-10　凌空颠球

图2-11　正反手落地颠球

图2-12　对墙击球

4．两人一组颠球。

两人间隔1米，一人颠球五次，落地后轻打向中间，另一人等球弹起后接住，再颠球五次。反复练习十个回合以后，依次颠球四次、三次、二次、一次，直至连续多回合轻打。

5．隔网传球练习。

两队人隔网每人一拍相互传球，传完后迅速跑到队尾，依次进行。

（二）各种熟悉球性的小游戏

1. 对墙击球接力比赛。

运动员呈两路纵队，面向球墙站立，听口令开始后，第一名球员将球打向墙后迅速离开，快速回到队尾，第二名球员接上击一拍球，依次进行练习。中途谁把球打丢，就由谁捡回重新开始，直到最后一名球员。最后两支球队谁用时少谁获胜。

2. 颠球、拍球接力比赛。

两队球员面对球网站在底线外，听到“开始”口令后，第一个球员用颠球的方式向球网方向跑，当跑到近网时用拍子触网再往回折返，返回时用拍球的方式，将球传给第二个球员，依次进行练习。中途谁拍球或颠球失误，就由谁捡回并从失误的地方重新开始，直到最后一名球员。最后两支球队谁用时少谁获胜。

第二节 球的旋转

击球时，球拍给球的作用力线不通过球心时，球就会产生旋转。匹克球中的旋转可分为上旋球、下旋球、平击球、侧旋球。

一、上旋球

上旋球是由球拍稍前倾，从下向前上摩擦击球的中上部而产生的。这种球的特点是空中飞行时下落比较快，落地后向前冲，弹得低且快。当击球使用上旋球时，球的顶部会向飞行方向旋转，有利于制造深球和大角度的斜线球（见图2–13）。

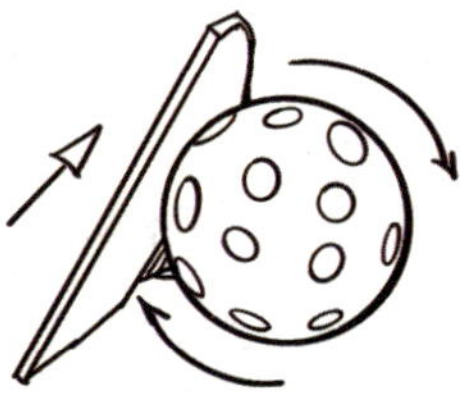

图2–13 上旋球

二、下旋球

下旋球是由稍后仰的球拍从上向前下摩擦击球的中下部而产生的旋转。这种球的特点是落地后弹得高，球不向前走。在使用下旋球时，球的顶部向与飞行方向相反的方向旋转。因为球下部的空气压力较低，下旋球倾向于在空中滞留更长时间。下旋球的落点容易控制，可以打对方的深区，也可以作为变换旋转和节奏的打法，扰乱对方的节奏，迫使对方失误（见图2–14）。

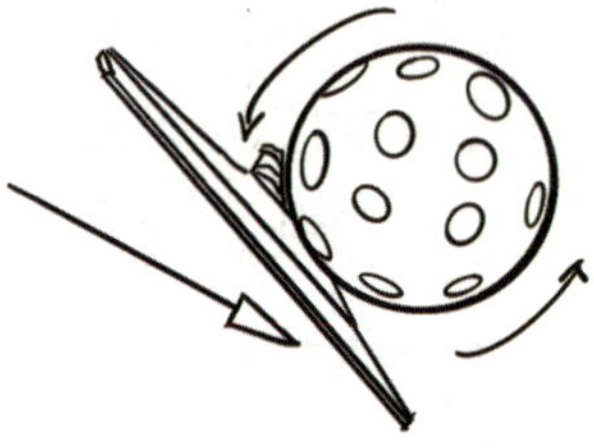

图2–14　下旋球

三、平击球

平击球是挥拍击球的路线向上，较平缓，击球时拍面几乎垂直于地面的旋转球。运动员在大力发球或上网扣杀时为了有效地把全身的气力击在球上，球拍运行的轨迹与球飞行的轨迹基本一致，这时拍面与球是对心碰撞，击出的是几乎不旋转的平击球。平击球的特点是冲力最大、速度最快，球落地后向前冲力大，球的飞行路线较平直，但准备性和控制力较差（见图2–15）。

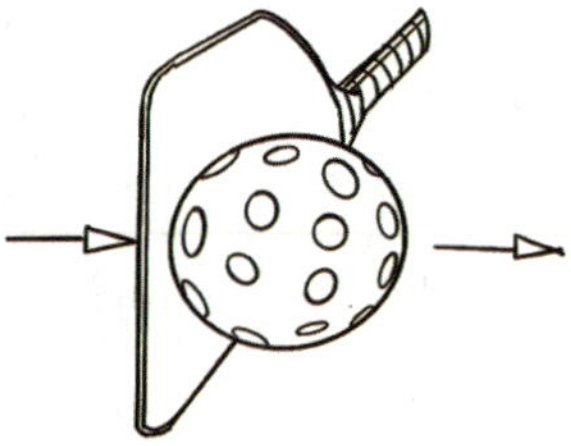

图2–15　平击球

四、侧旋球

击球时球拍由后部向内侧平行挥动，使球产生由外向内的侧旋转，故称侧旋球。这种球呈水平向外侧的弧线飞行，落地后向外跳，常用于正拍直线进攻。在实践中，侧旋一般结合在上旋或下旋球中，它使球向两侧弹开。侧旋在发球和接发球时均可出现。

第三节 基本步法

匹克球运动员跑动是否迅速、步法是否灵活对比赛起着至关重要的作用。在匹克球的各种击球中，必须使人与球保持适当的距离，采取合适的站位，才能得心应手地打出各种好球。匹克球运动中的步法可分为移动步法和击球步法。

一、移动步法

移动是为了在正确的击球点上击球，只有移动到位才能合理地把球击出。如果移动不到位，再好的击球技术也无济于事。矫健的移动步法不仅能及时准确地找到击球点，而且还能救回很多对方以为可以直接得分的球，从而在心理上给对方压力。匹克球移动步法讲究灵活、实用，主要包括跳步、交叉步、滑步、冲刺步、垫步、综合步等。

（一）跳步

匹克球运动中，跳步是保持身体灵活性的基本要求。跳步可分为原地跳步和移动跳步两种。原地跳步的方法是用单脚左右轮换弹跳或双脚同时原地弹跳，使身体始终保持动态，随时启动移动步法。移动跳步是向前或向侧面蹬地，双脚同时跳起移动。跳步常用于接发球与截击准备中。

（二）交叉步

双脚呈交叉状向侧面跨步移动。向右侧移动时，先向右脚前跨出左脚；向左侧移动时，先向左脚前跨出右脚。此步法常用于处理距离较远而需要做出大幅度移动的球。

（三）滑步

两脚平行站立，向左滑步时左脚先向左侧跨出一步，右脚同时蹬地迅速跟上做滑步动作，向右时同理，滑步移动时身体重心变换快而移动速度较慢。通常处理来球距体侧较近或短距离回位时可采用滑步移动。

（四）冲刺步

冲刺步也就是快速跑，是长距离移动的基本步法，常用于左右大跨步移动接球或急速冲刺到前场接小球。冲刺步要求人体重心要低，步频快、步幅小，冲刺跑的最后一步要大，以抑制惯性、控制重心，确保击球后回到合理位置。

（五）垫步

分脚垫步是移动中调整击球位置的有效步法之一，在击球的瞬间做出小跳步，为接下来的移动积蓄能量。落地后，通过瞬间控制自身的速度，为接下来的移动做好准备。跳步时的滞空时间不能过长，保持良好的平衡、顺畅，向下一个动作移动是非常重要的。

（六）综合步

两种或两种以上步法的综合运用称为综合步法，在比赛中运动员经常根据移动需要而恰当运用。

二、击球步法

扫描下方二维码
观看击球步法视频

通过移动步法接近球后，还必须采用合适的站位，才能打出各种好球。击球步法是移动调整到位后，最后完成击球动作时所采用的专门步法。在击球时，重心移动的关键在于支撑腿的位置确定，然后可以把另一脚向打球方向迈进。正确的步法就是提高击球技术水平的保证。

（一）关闭式步法

关闭式步法是指两脚前后站立的姿势。关闭式步法击球时要充分利用身体重心的前后移动来打球，因此要保证向前迈步的步法。关闭式步法一般常用于侧身迎接来球。击球前身体的重心在右脚，击球时重心移至左脚，如图2–16所示。

图2–16　关闭式步法

（二）开放式步法

开放式步法是指两脚平行开立的站位。开放式步法主要用转肩的力量来击球，故击球时重心落在右脚上，在右腿蹬地、转腰、发力后，支持力量落在左脚上，如图2–17所示。

（三）半开放式步法

两脚连线与底线呈45度左右。半开放式步法其实就是介于关闭式和开放式两种步法之间。击球时的发力基本与开放式相同，支撑点在右腿的内侧，蹬地、转腰、发力后，支撑力量落在左脚上，如图2–18所示。

图2–17　开放式步法

图2–18　半开放式步法

三、基本步法练习

脚步移动的训练需要依靠运动员的多项能力，其中包括身体不会发生摇摆的平衡感，肌肉与关节顺畅的联动，以及快速移动到击球位置的移动能力。下面就介绍几种基本步法的练习方法。

（一）起动接球练习

练习目的：提高盯球的注意力和快速起动能力。

练习方法：两人一组，面对面相距3～4米站立。一人站立，两臂侧平举，双手各握一个匹克球，注意手心是朝下的，对面的同伴做好起动的准备姿势，即持拍击球的准备姿势。练习时，持球者随意放开其中一个匹克球，同伴根据判断立即起动，将球在第一次弹地后用球拍接住。练习者可以画线作为标志，根据反应效果调整两人之间的距离。

练习要点： 注意力集中，重心降低，快速起动，接球时站稳。

（二）小碎步练习

练习目的： 提高脚步的敏捷性及快速摆脱静止状态的能力。

练习方法： 双脚保持不停地倒换小碎步，脚一碰地就要马上抬起，可持续30秒或1分钟。

练习要点： 适当地放松全身肌肉，保持较低且平稳的身体重心。

（三）跑动摸球练习

练习目的： 提高底线快速移动能力。

练习方法： 同伴在非截击线与中线交叉的“T”位置，手拿2～3个球，练习者站在底线中点位置，送球者按照正手、反手、再正手和再反手的顺序将球从地面上滚到单打边线与底线交叉部，练习者每次必须用手接到球后将球滚送给同伴，然后回到中心位准备。具体的训练组数和送球的顺序可根据练习者的体能状况去设置。

练习要点： 送出的球要贴紧地面并有一定的速度。练习者可运用交叉步或滑步移动，触球时要通过弯曲膝关节来降低身体重心，用持拍手触球。

（四）凌空抛接球练习

练习目的： 加强网前截击及高压球步法移动能力。

练习方法： 两名练习者面对面站立，相距2～3米，抛球者随意将球抛向练习者前方，练习者运用网前截击步法凌空将球接住，然后将球送还给对方。送球者也可将球抛高，练习者运用高压球技术步法将球接住。

练习要点：抛球者可随机抛出前、后、左、右不同位置的球，练习者判断好球的落点后要积极主动地移动起来，用自己的持拍手去接球。

四、专项步法练习

（一）正手击球步法练习

练习目的：了解正手击球时的步法。

练习方法：练习者肩向右转动，同时以右脚为轴向右转动，身体重心移至右脚，然后使左脚自然向前跨出，置于右脚前方，如此完成正手击球的步法。可反复练习。

练习要点：脚步移动配合重心转换进行。当左脚置于右脚前时，要求非持拍手离开拍颈部并指向前方，右臂置于身体右侧的位置。

（二）反手击球步法练习

练习目的：了解反手击球时的步法。

练习方法：以左脚为轴，向左转动并将右脚迈至左脚前，此动作即完成了反手击球步法。

练习要点：当右脚迈出后，身体重心应落在弯曲的右腿上。

（三）移动击球步法练习

练习目的：了解各种移动步法和击球步法的衔接和应用。

练习方法：练习者在练习正手击球时，向右转体（反手击球向左转），可同时采用自然跑、滑步、交叉步等移动步法跑到击球位置，最后一步完成正手击球（反手击球）步法。

练习要点： 采用合理移动步法跑到击球位置并与最后一步击球步法有机结合，做到先大步后小步，先快速后慢速接近球。

第四节 发球

发球是比赛开始的标志，它可以不受对方制约，在较大的程度上能够发挥出个人的特点，匹克球运动中的发球关键在于它是一个下手发球，触球点必须在腰部以下，球拍头的最高点不可高于腕关节。发球中最重要的规则是，发球者站在中线和边线的假定延长线上的底线外的区域，球在落地前必须先接触球拍，然后球要过网并落于对方的接球区，即完成发球动作。发球可分为凌空发球和弹地发球。

一、凌空发球

凌空发球必须满足发球的三要素，也必须是一个下手发球。凌空发球可分为正手发球和反手发球。

（一）正手发球的动作方法

扫描下方二维码
观看正手发球视频

站在底线后，双脚前后开立，左手持球于右腹前，右手持拍向后伸直。当球下降至右侧腰部位置以下时，右手持拍手臂由后下方向前上方挥拍击球，击球瞬间拍头的最高点不得高于手腕，身体重心由右脚过渡到左脚，击球后右手臂随挥跟进，如图2–19所示。

图2-19　正手发球

（二）反手发球的动作方法

扫描下方二维码
观看反手发球视频

站在底线后，两脚前后站立（右脚在前），身体重心放在左脚上。左手持球于左侧前方，右手持拍，双臂交叉在身体后方。左手放球的同时，右手持拍手臂向后引拍，当球下落至左侧腰部位置以下时，右手以肩为轴由后下方向前上方挥拍击球，击球瞬间拍头的最高点不得高于手腕，身体的重心由左脚过渡到右脚上，击球后手臂和球拍尽可能地随挥跟进，如图2-20所示。

图2–20　反手发球

二、弹地发球

站在底线后，双脚前后开立，左手持球，使球从手中自然下落，不得施加额外的力量，球必须在落地反弹后被击中。弹地发球没有发球动作的限制。挥拍时既可以使用正手也可以使用反手，如图2–21所示。

扫描下方二维码
观看弹地发球视频

图2-21　弹地发球

三、正反手发球的练习方法

1．徒手模仿下手发球动作练习。注意动作准确连贯，要想加强训练效果可以对着镜子训练。

2．击固定目标练习。练习者将一个标志物固定在持拍手所能够到的击球点，在练习整套技术动作的时候，还要对固定目标进行练习，使动作尽量自然连贯。

3. 对墙发球练习。练习者找一面练习墙，对着墙进行下手发球动作练习。

4. 完整发球动作练习。练习者站在发球区对网进行多球完整的发球动作练习。

5. 发球线路和落点控制练习。在保证成功发球的概率达到一定程度后，将三个标志物分别放在发球区的不同位置，练习者站在底线后，发球击中标志物。

四、十种发球练习方法

用粉笔或胶带在非截击区后面标出三个目标区域：后面的五分区、中间的一分区、前面的三分区。练习者分成两列站在各自发球区的底线后，中间放一个装球篮。两列练习者依次发球，A1、A2先发球，每人有10次发球机会，发球分数由记录员记录。其他练习者充当球童的角色，然后轮流更替，如图2-22所示。练习者可以定期做这个练习来检验自己的发球技术是否进步。

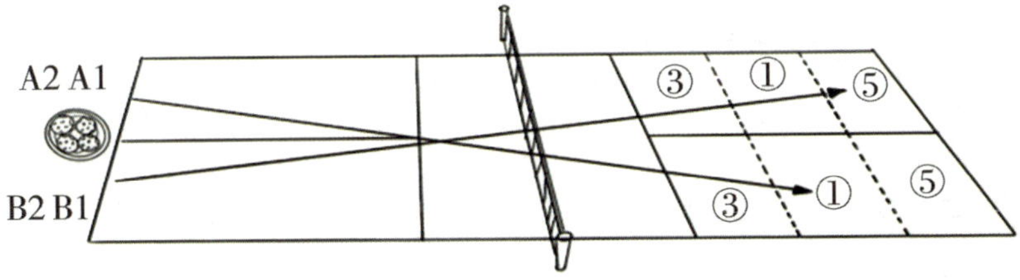

图2-22　发球练习

五、发球的易犯错误与纠正方法

易犯错误1： 球落网。

纠正方法： 击球点太低容易造成击球落网。练习者可以早点击球，不要等着球下落得太低才去击球。如果练习者判断球的击球点已经低了，此时可以把拍面再打开一点，使球的角度稍微高一点。

易犯错误2：发球的落点并不总是落在发球区。

纠正方法：球拍的挥拍方向和发球方向要一致，确保球与目标成一条直线。做随挥动作时，要确保把动作做完整，眼睛要盯住球，注意力集中。

易犯错误3：过早或过晚击球。

纠正方法：掌握好放球的时机，练习者可以先左手拿球，右手持拍做好后摆引拍动作，然后左手放开球，在球下落至腰部以下部位时，挥拍击球，击球后手臂要做好随挥跟进动作。

易犯错误4：发球出界。

纠正方法：可能是拍面开放得太多（不平行于网），或者等待太久才去击球。保持拍面平直，击球点在腰部以下触球。

易犯错误5：发球过浅。

纠正方法：在触球时挥拍动作要充分，挥拍结束后要做好随挥跟进动作。如果练习者使用正手发球，一定要检查拍面角度，以确保它是平的或只是稍微打开。

第五节 接发球

接发球技术是指还击对方发球的技术。接发球技术水平的高低直接影响到比赛的得分与失误，如果接发球接得好，就能控制对方的进攻，从而变被动为主动。接发球技术在运用时，首先要判断对手所擅长的发球类型；其次要根据选手的不同打法采取有效的接发球策略。

一、接发球的动作方法

两脚自然开立，两膝微屈，上体稍向前倾，两臂屈肘，两手持拍置于胸前，将拍头向上翘起，身体重心放在两脚前脚掌上，不停轻轻跳动或摇晃身体，使自己保持待发的机动状态。从对方准备发球开始，眼睛始终要注视来球，一直到完成还击动作。还击来球之前要观察对方行动，对自己的回球路线和落点有所考虑。选择好接发球落点对控制对手发球后抢攻有重要意义。

二、接发球队员的站位（以双打为例）

接发球者的搭档B2站在非截击区线后，准备接发球者B1站在发球区的深处或后方，准备接发球，如图2–23所示。

图2–23　接发球队员的站位（以双打为例）

三、接发球的练习方法

1. 徒手做接发球跑动、挥拍练习。

2. 与发球员配合的接发球练习。在练习发球的时候，一到两名练习者可以与实战相结合，练习接发球。在练习接发球的时候，先接发球员固定位置球速较慢的发球，然后再过渡到接发球员力量稍大的发球。

3．提高接发球准备性的练习。接发球者要按照要求将球回击到指定位置。

4．提高接发球实战能力的练习。两人一组，配合进行接发球练习。同伴喂球，练习者进行不同形式的接发球练习。有目的地进行各种战术练习甚至是互相对抗，有利于练习者心理素质的提高。

四、接发球的易犯错误与纠正方法

易犯错误1：反应速度慢，缺乏主动迎球意识。

纠正方法：注意力高度集中，看到发球方挥拍向前击球时，应向前一步主动去迎着击球，调整好与来球之间的距离。

易犯错误2：准备时间不充分，造成接发球没有目标。

纠正方法：事先考虑好对付对方各种发球的对策，然后在接发球位置上做好准备姿势，一旦对手把球发过来，就可以按着预想的对策把球接好。

易犯错误3：引拍动作过大，造成击球过晚。

纠正方法：提高对球落地反弹后运行轨迹的判断力，随球移动，减小引拍幅度。

易犯错误4：接发球容易出界。

纠正方法：拍面角度可能是开放的（不平行于网），或者可能是等待太久才去击球。保持拍面垂直，在球到达向上运动的顶点之前，与前脚平齐时接触球。

易犯错误5：接发球太浅，让发球方有上网机会。

纠正方法：在进行挥拍击球时，确保在接触到球后继续挥拍做好随挥跟进动作。

易犯错误6：无法控制落点，回击失误。

纠正方法：改变脚步动作僵硬、无法进行快速调整的状况，击球时紧握球拍，并使拍面对准对方场内区域。

易犯错误7：球总是落网。

纠正方法：在接发球时，调整好拍面角度，稍微打开拍面，把球击到对方区域。

第六节 正手击球

正手击球是匹克球技术中最基本的击球方法，既是初学者需要学习的入门技术，又是多数运动员用以得分取胜的主要手段。正手击球由四个环节组成，即准备姿势、后摆引拍、挥拍击球和随挥跟进。

一、正手击球的动作方法

（一）准备姿势

扫描下方二维码
观看正手击球视频

两脚开立，与肩同宽，双膝微屈，上体略前倾，重心落在前脚掌，右手握拍，左手轻扶拍颈，肘部弯曲，球拍放在体前，拍面垂直于地面，指向对方，双眼注视来球，准备击球，如图2–24所示。

图2-24　准备姿势

（二）后摆引拍

当判断来球需用正拍回击时，要快速向后引拍，持拍的手臂要放松向后上方引拍，引拍的路线要直线向后，球拍指向身后，手腕略向后伸，拍头向上稍高于手腕，转动双肩，重心移至后脚，左脚前踏，左肩对网，肘关节弯曲并稍抬起（注意手臂不要伸直），与此同时，左手向前伸出，以保持身体平衡，如图2-25所示。

图2-25　后摆引拍

（三）挥拍击球

击球时重心应由后脚移向前脚，此时后脚用力蹬地，以腰部转动带动大臂，用大臂带动小臂，手腕固定，使球拍从略低于腰部处开始沿着来球的轨迹向前上方挥击，击球点一般在左脚右侧偏前的腰部高度，如图2–26所示。

（四）随挥跟进

击球后，由于运动惯性，前臂随球拍向前上方挥进，直至左肩上方，如图2–27所示。正手击球动作完成后迅速还原，恢复成准备姿势。

图2–26　挥拍击球

图2–27　随挥跟进

二、正手击球的练习方法

1．听口令，原地徒手模仿做分解的慢动作，然后做完整动作。

2．做无球挥拍练习，先原地挥拍，再进行移动后挥拍练习。

3．原地击固定球，先做分解动作，然后再过渡到完整的击球动作。

4．两人一组，一人挥拍做动作，另一人在其体后抓住拍头，使其体会腰部发力击球的感觉。

5. 两人一组，一人抛球，其余人击球，循环击一定数量的球。

6. 多球练习。由教练送多球进行单个动作的正手击球练习。

7. 对墙站立，正手击打落地球上墙，反弹落地两次后再连续正手击打。

8. 底线正手对打斜、直线练习。

9. 底线正手一点打两点的练习。先固定线路，逐渐加大难度到不定点线路。

10. 两条斜线对两条直线的练习。先固定线路，然后过渡到不固定线路练习。

三、正手击球的易犯错误与纠正方法

易犯错误1： 经常把球打到球拍边上，打不到最佳击球点。

纠正方法： 眼睛必须始终盯着球，从对方击球开始到自己击球后结束。

易犯错误2： 击球时，手腕不固定，造成正手击球不稳定。

纠正方法： 手腕应固定，必须锁住，但不能紧张。用整个手臂挥拍击球。

易犯错误3： 击球点太靠后。

纠正方法： 提前做好准备工作，身体迎上去，在身体前方击球。

易犯错误4： 击球后身体重心落在后脚上。

纠正方法： 击球后身体前倾，重心前移，球拍向前挥出，使身体保持稳定。

易犯错误5： 击球出界。

纠正方法： 拍与球接触时，注意保持拍面垂直于地面。如果拍面打开太大，击出的球将向上运动，再加上大力挥拍，会使球飞得太高太长。

易犯错误6： 顺势挥拍动作太短，影响击球的深度。

纠正方法： 整个挥拍动作，包括随球动作应是完整、协调地进行。

易犯错误7： 球总是落网。

纠正方法： 注意调整好拍面角度，稍微打开拍面，把球击到对方区域。

第七节 反手击球

反手击球是匹克球基本技术中最常见的击球方法，初学者一般是先学习正手击球再学习反手击球，当正手有了一定的基础后，再学习反手比较容易，反手击球动作技术有些与正手相似，因此反手击球也比较易学。

一、反手击球的动作方法

（一）准备姿势

面对球网双脚开立与肩同宽，双膝微屈，身体略向前倾，重心落在前脚掌上，双肘微屈，右手握拍，左手轻扶拍颈，将球拍立于胸前，拍头指向对方，双眼注视来球，准备击球，如图2–28所示。

扫描下方二维码
观看反手击球视频

图2–28　准备姿势

(二) 转体引拍

一旦判断需打反手球时，应立即向左转肩，并由转肩动作带动球拍向左后方引拍，将右肩对着来球，引拍过程中调整为反手握拍法，同时右脚向左前方迈出，重心下降，侧身对网，如图2–29所示。

图2–29　转体引拍

(三) 挥拍击球

向前挥拍击球时，应蹬地发力并向右转动身体，用身体的转动带动挥拍，球拍由后下向前上挥拍击球，身体的重心由左脚过渡到右脚上，在击球瞬间，手腕绷紧，拍面保持稳定，击球点在身体的左侧前方，如图2–30所示。

（四）随挥跟进

击球后，球拍尽量沿着球的飞行的方向向前向上送，重心前移落在右脚上，挥拍在右肩上方结束，如图2–31所示。反手击球动作完成后迅速还原，恢复成准备姿势。

图2–30　挥拍击球

图2–31　随挥跟进

二、反手击球的练习方法

1．听口令，原地徒手模仿做分解的慢动作，然后做完整动作。

2．做无球挥拍练习，先原地挥拍，再进行移动后挥拍练习。

3．原地击固定球，先做分解动作，然后再过渡到完整的击球动作。

4．两人一组，一人挥拍做动作，另一人在其体后抓住拍头，使其体会腰部发力击球的感觉。

5．两人一组，一人抛球，其余人击球，循环击一定数量的球。

6．多球练习。由教练送多球进行单个动作的反手击球练习。

7. 对墙击球练习。对墙进行连续的反手击球练习。

8. 底线反手对打斜、直线练习。

9. 底线反手一点打两点的练习。先固定线路，逐渐加大难度到不定点线路。

10. 两条斜线对两条直线的练习。先固定线路，然后过渡到不固定线路练习。

三、反手击球的易犯错误与纠正方法

易犯错误1： 站位错误，击球点离身体太近。

纠正方法： 练习者采用关闭式步法，眼睛盯住球，及早将球拍拉回来，在击球时要用球拍的最佳击球点击中球。

易犯错误2： 身体重心高，膝盖弯曲不够，造成拍头向下击球，失去控球能力。

纠正方法： 练习者身体重心的高度应该在击球前就要保持一个正确的位置，前膝要弯下去，不要只弯腰不屈膝。

易犯错误3： 挥拍方向错误。

纠正方法： 球拍击球后的走向应该是挥向击球的同一方向，挥拍结束后应该有随挥动作。如果球拍触球后从身体前面横挥向右，造成肘关节领先，不仅击球无力，更有可能造成身体重心不稳，影响复位，同时肘关节负荷过重，容易造成肘关节损伤。

第八节 丁克球

丁克球就是指在非截击区击球使其回弹，球回弹后越过网落在对手的非截击区内的球。丁克球是匹克球运动中非常重要的一项技

术，需要轻触与技巧的丁克球虽然可能不会直接得分，但它能尽可能延长对打，有机会使对手犯错并失误，或者在对打中把球打高，这就创造了进攻得分的机会。

一、丁克球的动作方法

扫描下方二维码
观看丁克球视频

站在非截击线后，面对球网双脚开立与肩同宽，双膝微屈，身体略向前倾，重心落在双脚的前脚掌上，双肘微屈，球拍置于胸前位置，双眼平视前方。当判断对方来球是软而轻的丁克球时，首先应采用短而快的步伐移至球边，然后将球拍放在身前，膝盖弯曲，身体重心往下，用球拍的开放面去击球，当球从地面弹起时以向上向前的动作击球，使球与拍面的接触时间尽可能地长。此时要做的不是击球，而是要想办法将球托起，如图2–32所示。

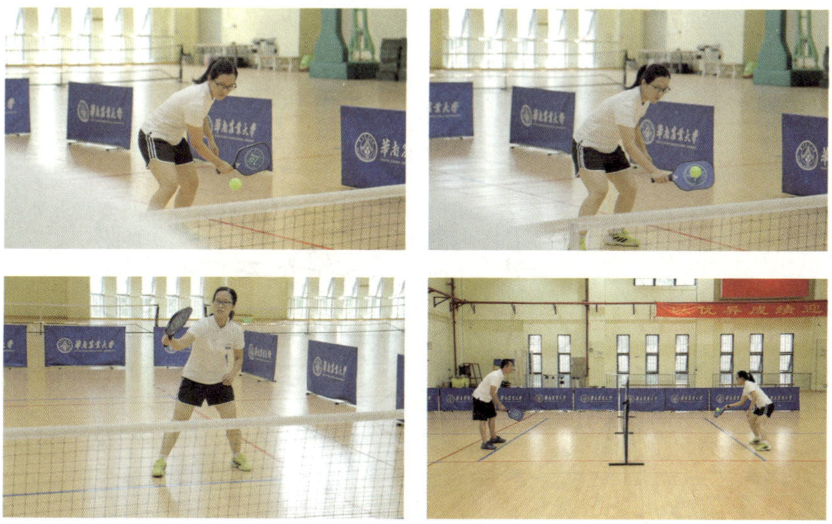

图2–32 丁克球的动作方法

二、比赛中使用丁克球

在双打比赛中，一名选手和一名搭档站在他们的底线后面。球越过球网，落在发球区的对角线上。接球队的一名球员站位较深，以便接发球，而另一名球员则站在非截击区域线的后面，如图2–33所示。接发球后，接球者立即向前冲到与搭档并肩的位置，如图2–34所示。接球队在球网前处于强进攻位置，而发球队则在球场深处等待球反弹，然后才能接球，如图2–35所示。

发球队的目标是用软而慢的丁克球回击，然后随球入网。一旦成功，两队都开始在各自位置上截击或丁克击球，如图2–36所示。

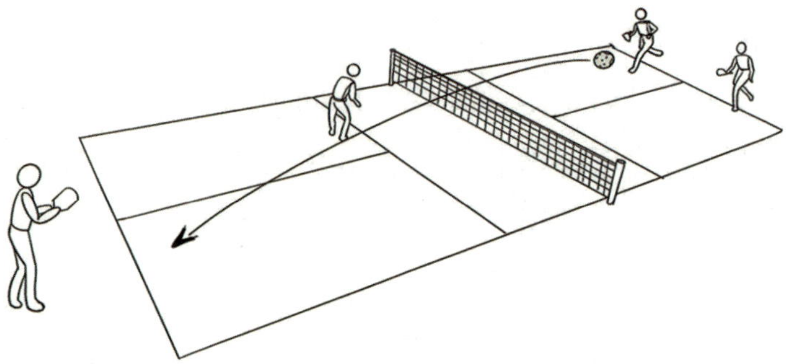

图2–33　第一拍

图2–34　第二拍

图2–35　第三拍

图2–36　第四拍

三、丁克球的练习方法

1．对墙打到标志线练习。在距离练习墙3～7米处自行抛球，对准墙上标志（高度与球网相同）进行丁克球练习，每次球要尽量打到不超过标志线5厘米的高度。

2．两人网前正反手对打斜直线丁克球练习。

3．两人网前正反手一点打两点的丁克球练习。先固定线路，逐渐加大难度到不定点线路。

4．两条斜线对两条直线的网前丁克球练习。先固定线路，然后过渡到不固定线路练习。

四、丁克球的易犯错误与纠正方法

易犯错误1： 丁克球入网。

纠正方法： 注意将拍面置于球的下方和后方，练习者挥拍击球时，要将球拍的拍面打开，使球处于球拍的最佳击球点。

易犯错误2： 丁克击球太深太高。

纠正方法： 练习者要将球托起，而不是击球。动作只涉及自肩往下的手臂运动，没有挥拍和随挥跟进动作。如果球太高，可能只是在挥拍，而不是轻触球将球托起。

易犯错误3： 击球出两边边界。

纠正方法： 练习者尽力将球往球网中心低处打，注意击球后要保持身体平衡。

第九节　截击球

截击球是指球弹地之前在空中击球。截击通常用于近网或对手用力击球时的回击，一般在非截击区后面的位置进行，有进攻型和防守型两种。当球是高于球网击到的球，截击就是进攻型的，因为击中的球的飞行轨迹是向下的，这样的球更有杀伤力，对手难以回击。当球是低于球网击到的球，截击就是防守型的，因为击中的球的飞行路径是向上的，这样的球更有利于给对手创造机会回高质量的球。因此截击技术掌握好了，可以减少对方回球的时间，造成来不及防守或仓促回击，以至于击出有杀伤力的球。截击分为正手截击和反手截击。

一、正手截击的动作方法

（一）准备姿势

扫描下方二维码观看截击球视频

面对球网双脚开立与肩同宽，双膝微屈，上体稍前倾，重心落在前脚掌上，双肘微屈，球拍置于体前，拍头指向对方，双眼注视来球，随时准备击球，如图2–37所示。

（二）转肩引拍

截击球的动作以“碰”和“推”的成分为主。当来球向正手飞来时，身体快速向右转体，要用举拍转肩、转体来带动上臂，引拍动作要小。引拍时，手腕和拍面要固定，引拍后要保持拍头高于手腕，如图2–38所示。

图2–37　准备姿势

图2–38　转肩引拍

（三）挥拍击球

在挥拍击球时，击球点保持在体前，主动向前迎击来球并充分利用身体前冲的力量，以短促的动作向前“碰”和“推”击球，同时拍面稍向上，在向前推碰球的过程中略带一些切削，这样能较好地控制将球击向对方场地。触球瞬间手腕紧绷，手握紧拍柄，如图2–39所示。

（四）随球动作

截击的随球动作很简练，接触球后，拍子沿击球方向前送30厘米左右，这有助于控制球的飞行方向，如图2–40所示。

图2–39　挥拍击球

图2–40　随球动作

二、反手截击的动作方法

（一）准备姿势

两脚自然站立约同肩宽，重心在前脚掌上，脚跟提起，身体前倾，膝盖弯曲，持拍置于体前，拍头高于手腕和球网，眼睛注视来球，随时准备击球，如图2–41所示。

（二）转肩引拍

判断来球飞向反手时，应立即转肩向左，引拍动作要小，要用举拍转肩、转体来带动上臂使球拍做一个短短的后摆。引拍时，手腕锁紧、固定拍面，拍头高于手腕，眼睛紧盯着来球，如图2–42所示。

图2–41　准备姿势

图2–42　转肩引拍

（三）挥拍击球

挥拍击球时，持拍手臂向来球方向伸展，将球拍由后上方向前下方挥拍，在身体前方的位置击球的后中部。击球时，手腕固定、握紧球拍，在提前15～30厘米处撞击球，向前撞击时，左手自然地抬起放在身体左侧，以保持身体平衡，如图2–43所示。

（四）随球动作

球拍接触球后沿击球方向送出30厘米左右，然后顺势迅速恢复成准备姿势，准备下一次击球，如图2–44所示。

图2–43　挥拍击球

图2–44　随球动作

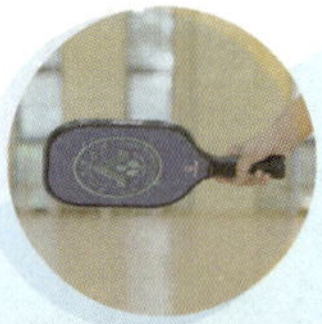

三、截击球的几种使用方法

（一）中场截击

中场截击是指在本方发球线附近的截击球，多在发球方接发球时还没来得及上到网前的时候采用。中场截击球大部分是在腰部以下的部位击球，要注意精确的击球点和拍面角度，尽量打出角度，使对手难以回球。击球后应向网前迈进，准备近网截击或高压球。

（二）近网截击

近网截击的站位比中场截击靠前，一般站在非截击线附近，它是网前得分的主要手段。近网截击的果断和落点的准备，能给对方致命一击。运动员一定要在判断对方来球的速度、高度及球的角度后，迅速调整位置，控制好拍面。如来球快而平，拍面应稍打开，击球中下部，手腕固定，以短促的动作向前向下顶撞来球。如来球快而高，拍头应竖起，拍面几乎和地面垂直，向前下击球中部。

（三）高位截击

当来球较高，但又不够高压的高度时，往往以高位截击的技术完成击球。高位截击时要有一定的后摆，触球时手要握紧球拍，手腕绷紧并朝上；击球时球拍对准球，重心向前，然后用简短的随挥动作，对着球推击并向下方送出，准备下一次回击。高位截击看似简单，但很多人在打高位截击球时仍会打出界或不过网，前者原因是引拍过大、击球点过晚，后者主要是截击过早、拍面关闭过多。

（四）近身截击

近身截击是指当来球朝着自己的身体快速飞来时所采用的截击技术。在网前截击时，会经常遇到这种朝身体飞来的空中球，即

“追身球”，这时没有时间往一侧跨步去打正规的正拍截击或反拍截击，对付这种“追身球”最好的办法是把球拍放在身体的前面用反拍截击，保持手腕笔直和绷紧，拍面在体前正对着球截击。如果加力截击，身体向左转，没有后摆动作直接把球击出，击球后，身体前倾，球拍对准球落地的方向随挥出去。

四、截击球的练习方法

1. 持拍做模仿挥拍练习，并逐渐结合步法做挥拍练习。

2. 练习者在距墙体2米左右，直接对墙进行正手和反手截击练习。

3. 体会动作和球感。用多球进行单个动作的网前截击练习。

4. 直线的连续正反手截击练习（两人在网前相距3米左右）。

5. 送球者站于中场送多个球，练习者分别进行定点的正手和反手截击练习。

6. 在网前中场或近网对底线进行截击球练习。

7. 网前和底线对抗练习。网前站两名练习者，底线站两名练习者，不允许挑高球，打计分练习。这个练习也可以两人进行，范围可以限定在单打区的一半。

五、截击球的易犯错误与纠正方法

易犯错误1：向后引拍幅度过大。

纠正方法：练习者需要建立正确的截击球引拍动作概念，反复练习截击球技术的模仿动作及击球练习。

易犯错误2：击球无力。

纠正方法：练习者反复练习转肩动作，在转肩的同时拍头向侧

上方，模仿撞击球动作，也可用加重球拍练习。

易犯错误3：网前站立腿过直。

纠正方法：练习者膝关节弯曲，反复练习左右、前后移动。网前站立，提踵，双脚不停地移动。

易犯错误4：不能有效控制球的落点。

纠正方法：截击球时要养成握紧球拍、固定手腕的习惯。击球点一定要控制在身体的前侧。击球时动作幅度不能过大，随挥动作短促。

易犯错误5：击球不准。

纠正方法：练习者要养成眼睛盯球的习惯，眼睛要看到整个击球过程。当对方击球过来时，要快速调整步法，尽可能使击球点出现在让自己舒服的位置上。

易犯错误6：胆怯而不敢向前。

纠正方法：以学习和练习的心态对待上网截击，减少心理负担，做好迎球思想准备。准备姿势要充分，合理站位，调整好截击步法。

第十节 挑高球

挑高球是将对方还击的球挑向高空，并飞越站在网前对手头部上方而落入对方的场区。挑高球有防御型和进攻型两种不同打法。挑高球最突出的作用就是使对手不敢站到近网处进攻，而是被迫向后退缩等待高球的到来，这就为自己创造了有利的得分时机和条件。

一、进攻型挑高球的动作方法

扫描下方二维码观看进攻性挑高球视频

双方在网前做丁克球相持时，己方将球挑起使球飞跃对方头顶落在底线深区，其高度应以对方跳起后仍击不到球为准。进攻型挑高球动作要隐蔽，动作看起来像打丁克球，但又不是丁克球回击，而是一个出其不意的高球，让对手毫无防备，从而破坏对手的网前战术，这就是一个进攻型挑高球。

当双方在网前做丁克球相持时，其中一方动作非常隐蔽，用小臂轻送向上挑起一个越过头顶的高球，高球正好落在对方的中后场。注意看准来球隐蔽击球，手腕绷紧向上击球，充分完成随挥动作，如图2–45所示。

图2–45　进攻型挑高球的动作方法

二、进攻型挑高球的比赛应用

当一个斜线丁克球朝正手飞来并且靠近边线的时候，正是打进攻高球的一个绝好时机。在这种情况下，场上四名球员都关注着如何打下一个丁克球。此时，对手（图2–46中的B1）打来一个漂亮的斜线丁克球，恰好落在对方右边线上。此时A1可以向右转动手腕，并且在身体前倾时挥拍靠近身体，然后将球托起，击向对手的正对面的球员。球会落在该球员的反手侧角落。即使对手成功接球，也不太可能打出一个侵略性击球，反而可能会为自己的队伍制造杀球的机会。

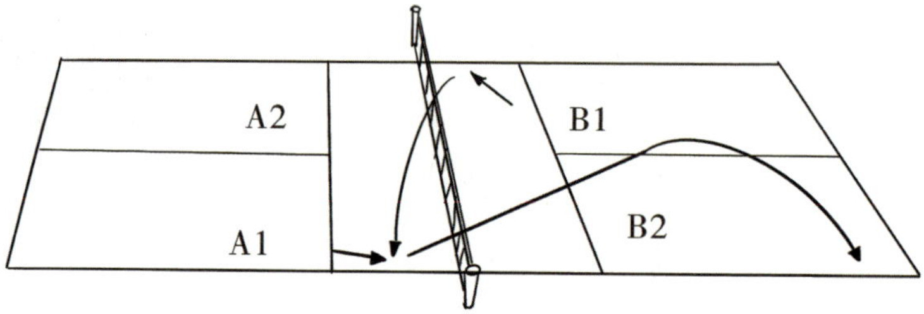

图2-46　高球回击对手的丁克球

三、进攻型挑高球的应用时机

最有可能成功的高球是在非截击区域（Non Volly Zone，NVZ）线附近对同样在NVZ线的对手打出的伪装良好的进攻高球。一个理想的高球出手时机是当对手向前移动或刚走出非截击区时。以下是进攻型挑高球的几种策略。

1. 给对手一个很短的丁克，把对手拉进非截击区，然后在对方头上打一个高球。

2. 当一方在球场深处，另一方站在网前给球场深处对手一个短的丁克球，迫使对方快速向前移动，这时对手几乎够不着球，是跑动中的冲力把对手带到非截击区，现在这个时候就是打进攻型高球的好时机。

3. 一方在奇数场进行丁克交换，而对手打出了一个将对手带离球场的斜线丁克。此时一个尖锐的从交叉场回到非截击区的球是一个很好的接发球的方法。但有些球员觉得对方脚步移动性差，会选择在后角（越过接发球对手的左肩）进行一次过场高球。

4. 当一方在偶数场面对一个右撇子球员，在奇数场面对一个左撇子球员，这意味着两个反手都在中间。一个向下的中间高球是一个很好的选择。

在进攻型挑高球中，出其不意是关键。所以在最后一刻之前，让击球看起来像丁克。最安全的球路是越过右撇子球员的左肩，又或是越过左撇子球员的右肩，或者沿着中线。有些球员在进攻型挑高球这项技术上非常出色。这些球员会观察对手的弱点，对移动性差的或不能扣球的球员发出这样的高球。事实上，大多数初级到中级的球员处理高球的能力差，所以进攻型挑高球要根据对手的情况以及球场上的战术情况合理使用。

四、如何处理进攻型挑高球

对进攻型挑高球最好的防御是在寻找它时保持警惕。图2–47表明了右撇子球员中进攻型高球的最常见的方向之一。这个高球越过球员B1的左肩。球员B2应该寻找这个高球，如果出现的话，球员B2会把球打出去。对于这样的一个高球，如果球员B2能提前预判到球员A2高球的战术企图，就应该快速后退几步，然后把球击出过网。

现在假设这个高球越过球员A2的头顶，球员A2在网前挥拍够不着这个球。一般来说，进攻型挑高球的处理如图2–48所示。球员B1打了一个进攻型挑高球越过球员A2的头顶，落在球员A2的底线深区，此时球员A1应该跑到底线位置接这个高球。大多数社交和娱乐玩家都不能很好地处理一个突然的进攻型挑高球。因此，在社交比赛中，双方都有可能同时去抢这个高球。快速可靠的通信对于每个高球都是必不可少的，例如适当地喊“我的”“你的”。当然，当一方在接一个高球时，应该尽可能快地进入位置，以避免在向后漂移时击球或在奔跑时击球。如果能够确定高球在界内，或者如果自己的搭档大喊“高球很好”，试着用扣球打高球。但是，如果高球落在靠近底线的地方，让球反弹。在弹跳之后，试着在非截击区里打一个吊球，并尽可能向前推进。

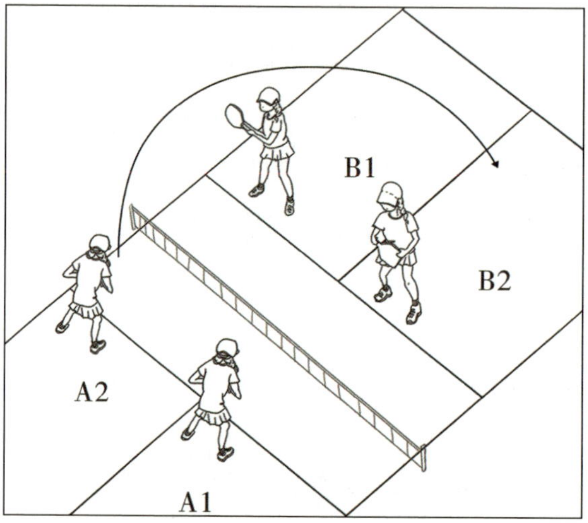

图2-47　跨场进攻型挑高球

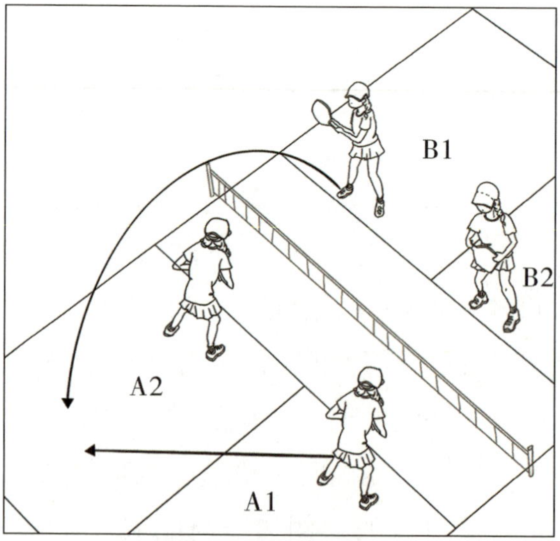

图2-48　部署高球

五、防守型挑高球的动作方法

防守型挑高球一般都是从自己的端线处将球挑到对方的端线深区，并且球的飞行弧线很高。挑高球的意图不是急于得分，而主要是扭转自己处于不利位置的局势，赢得时间，争取主动。

（一）移动的同时看球引拍

由于被动救球，往往没有时间正确地做好正手或反手击球的准备动作，就需要边向球跑动，边向后摆起球拍，接近来球时即侧转身体，使左肩对着球飞行的路线，准备击球。

（二）充分后摆前挥挑击球的下部

在向球跑动的过程中要充分后摆引拍，使拍头指向身体右后方，达到理想的击球姿势，让拍面击打球的下部，并把球高高地打向空中，越过对方头顶后落到其场内的深区。

（三）绷紧手腕将球挑向对方场区中间

挑高球的整个击球过程中，直到完成随挥动作，都要保持手腕绷紧，握紧球拍。

（四）完成随挥后要尽快回到有利位置

在挑高球中，尽可能加长击球的时间，使拍头随球的飞行路线上挥送球，在身体前面的高处完成随挥动作，随挥动作要大而充分。

六、如何处理防守型挑高球

对于大多数防守型高球，尤其是那些来自对手底线的高球，一名队员要迅速进入位置，而另一名队员应该判断球的轨迹。如上所述，如果非常确定高球在界内，用扣球来打高球。但是，如果高球

落在靠近底线的地方，让球反弹。在反弹之后，试着在非截击区里打一个吊球，并尽可能向前推进。显然，让球在界内反弹会使自己的球队处于不利的地位，因为这将意味着又要重新开始向NVZ线的方向移动。

七、挑高球的练习方法

1. 站在非截击区，自抛自挑，要求球的落点在对方后场。

2. 一人站在网前放丁克球，另一人站在非截击区外练习挑高球。

3. 利用多球进行专门的挑高球练习，定点练习，要求挑到底线深区。

4. 左右移动挑高球，教练向练习者的两侧喂球，练习者在跑动中用正反手挑高球到底线附近。

5. 前后移动挑高球，教练依次喂出浅球和深球，练习者在向前和向后跑动中挑高球到底线附近。

八、挑高球的易犯错误与纠正方法

易犯错误1： 向后引拍手腕没有后屈，造成没有上旋。

纠正方法： 练习模仿动作，注意手腕后屈。

易犯错误2： 击球时拍头没有低于手腕。

纠正方法： 练习者在进行挑高球练习时，每次检查一下拍头是否低于手腕，并加速上挥球拍。

易犯错误3： 击球的拍型掌握不好，击球部位不准，造成球出界或下网。

纠正方法：要击准球，并利用多球进行动作定型，改进并掌握动作。

易犯错误4：击球时向前用力过大，使球出界。

纠正方法：用多球练习，动作柔和，体会球感。

第十一节 高压球

高压球是一种在头顶上用扣压的动作完成的一种击球方法；它是从头的上方把球扣到对方场区，故又称杀球，其落点准、力量大。高压球是一项绝对强攻型技术。

一、高压球的动作方法

扫描下方二维码
观看高压球视频

当对方挑高球时，应立即侧身转体并用短促的垫步向后退，同时侧身，持拍手上举至头部向后引拍，重心移至后脚，非持拍手上举指向来球的方向。当判断准击球点并移动到位后，以双脚为支撑向击球点方向蹬地、转体、收腹（反弹背弓）继而挥拍击球（起跳高压时要保持身体平衡）。击球过后顺势将球拍收于持拍手异侧。在这里主要强调的是初学者要掌握好最佳的击球点，击球点应在头顶的右前上方位置，如图2–49所示。

图2–49　高压球的动作方法

二、高压球的练习方法

1．击球动作模仿练习。练习者持拍侧对出球方向，做挥拍击球动作练习。

2．完整动作模仿练习。练习者由准备姿势开始，侧身退步做完整的挥拍高压动作，完成后迅速回到准备姿势，要求准确连贯。

3．击打固定目标练习。在练习者持拍所能够到的最高点固定一个标志物，练习者由原地高压开始逐渐过渡到移动中高压，击打目标。

4．网前高压球练习。练习者在离网较近的位置侧身站立，教练用手抛球给练习者练习。

5．移动中高压球练习。练习者站在网前以准备姿势站好，教练分别向他的前、后、左、右供球打高压。要求练习者注意力要集中，脚步移动要迅速，每次打完高压后都要回到准备姿势。

三、高压球的易犯错误与纠正方法

易犯错误1：移动不到位，击球点判断不准确。

纠正方法：教练挑各种角度的高球，练习者快速移动，手臂伸直，在高点接球。先练习较低和近网的高压球，逐渐拉开距离并提高击球点，也可自抛不同方向的高球快速移动后在高点击球。

易犯错误2：急于发力，拉肘明显，造成击球下网。

纠正方法：在高处（击球点）放一个标志物，反复练习向上“鞭打”的扣腕动作。也可以在离练习墙一定距离处，向上抛高球，待球下落或反弹后将球击压到练习墙上略高于球网的标志处。

易犯错误3：没有侧身转体动作，正面击球。

纠正方法：击球前双脚前后站立，将非持拍手同侧的脚放在前面形成侧身对网，准备击球时蹬腿转腰，使身体转向击球方向。

易犯错误4：击球时发力过早或过晚，造成击球无力。

纠正方法：尽量移动到来球后方，用非持拍手指向来球，利用腿部蹬地力量带动身体的转动和手臂向前的“鞭打”动作。

易犯错误5：击球时眼睛没有盯球，造成击球不准。

纠正方法：积极调整脚步，在右肩前上方击球，眼睛看到整个击球过程。

第十二节　吊球

吊球是在球场深处被弹回来的。当球员在打吊球时，身体的位置与球员在打落地球时相似，但持拍手臂向前摆动得更慢。球场深处的球队（一般为发球队）打吊球是为了将球击入非截击区。吊球的正确轨迹应是在高处落下，越过球网且落于对方的非截击区内。在一场出色的匹克球比赛中，一个典型的回合应包括以下内容：第一次发球使球落于对角线区域的深处；第二拍回击打得高而深，使接发球者有向前移动并与搭档汇合的时间；接下来是发球队球员的第三拍吊球，此时基本两队队员都已靠近非截击区。

一、吊球的动作方法

当准备吊球时，侧身对网，球拍后引，侧身还击来球时拍面稍打开，以向上向前托的动作把球击出，动作柔和，使球的落点在对方的非截击区内，击球后身体重心向击球方向跟进，用自然协调的动作来完成随挥动作，如图2-50所示。

扫描下方二维码
观看吊球视频

二、将吊球打入对方的非截击区

打吊球能够让在底线的球队获得靠近网前的方法。通常情况下，发球的一方会用得更多。在对手双方处于底线处或一前一后，打吊球也是非常奏效的。无论在何种情况下，只要将球击过网且落于对方场区的非截击区，那便是赢家，如图2-51所示。

图2-50　吊球的动作方法

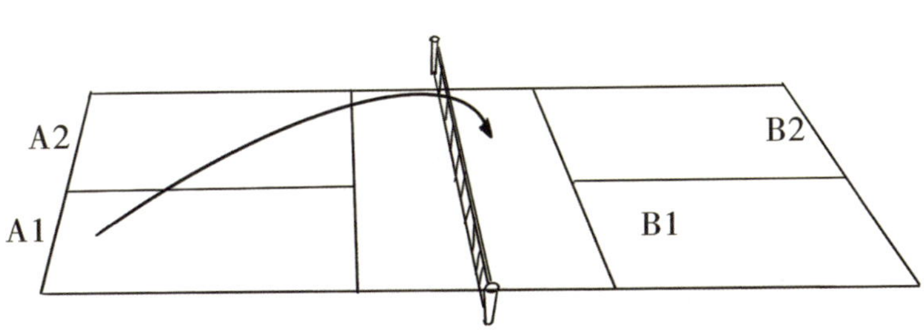

图2-51　将吊球打入对方的非截击区

三、吊球的练习方法

1．中场练习吊球的方法。一人站在非截击区发球，一人站在中场用适当的力度将球打到对方的非截击区（直线和斜线）。

2．后场练习吊球的方法。一人站在非截击区发球，一人站在后场用适当的力度将球打到对方的非截击区（直线和斜线）。

3．移动中练习吊球。一人发球，一人打吊球，发球一方把球打到对方的中场、后场位置，练习者通过移动步伐，调整力度把来球击落到发球方的非截击区内，注意正反手吊球都要用到。

四、吊球的易犯错误与纠正方法

易犯错误1： 球卡在网上。

纠正方法： 在接球之前要保持好球拍向前的趋势，拍面一定是面向球的。练习者吊球的目标是至少让球比网高30.48厘米，让球过网且落于对方的非截击区内。

易犯错误2： 球太高太深。

纠正方法： 通过放慢或停止后续动作来弱化击球。练习者可以尝试着让球在球拍上旋转一会再击出，这个动作相对直接击球会减轻一些出球力度。练习者在练习吊球时，要确保身体处于平衡可控状态才打吊球。在防守状态下，很难拿到球权，急着打球的情况下也不要打吊球。

易犯错误3： 因为站位太偏而错过球。

纠正方法： 练习者的目光主要瞄准球场中间，不要想着球有一定的落点。球网是有弧度的，中间低两边高，因此中间也是高频打点。打吊球时要确保自己处于完全平衡和可控状态，如果不能确定，就很可能出错。

第三章
匹克球基本战术

匹克球战术是指运动员在匹克球比赛中根据对方的一些运动技能和运动方法所采取的与之相互对应的技术手段与方法。任何战术都是为了更好地发挥自己的技术特长，制约对手的发挥，力争掌握比赛的主动权，从而取得比赛的胜利。

匹克球比赛中的战术是由击球方式、线路、落点和击球的飞行轨迹组成的。战术制定要与自身技术能力和对手技术特点相一致。不同技术水平运动员所采取的战术也不同。在匹克球运动中技术是基础，战术是关键。战术往往对比赛胜负起到至关重要的作用，匹克球运动的战略和战术意识的提高是运动员能否取得更大进步的关键。

第一节　单打战术

单打比赛和双打比赛明显区别在于单打比赛中只有一人对一

人。一局比赛仍然由一名得分11分且领先对手至少2分的选手获胜，采取三局两胜制。当发球者得分是偶数时，从右发球区后方发球；当发球者得分是奇数时，从左发球区后方发球。单打和双打比赛所运用的技术是相同的，但在单打比赛中，第三拍吊球不像在双打中运用得那么普遍。发球者发球一般站在中线的旁边，方便自己向左或向右移动反击。匹克球的单打比赛要求运动员必须具备良好的身体素质，而且要能够预测对手的下一球击球位置和方向，这是一项对体能要求更高的比赛，需要比双打更高水平的灵活性、速度和耐力。匹克球比赛中单打包括发球、接发球、接发球后上到网前。每个阶段都有一系列的战术可供选择和使用，这对赢得1分、1局，甚至整场比赛至关重要。以下战术能否自如和合理地运用，必须以一定的技术能力为基础。

一、发球战术

在匹克球比赛中，靠发球直接得分的机会并不是很多，但它仍然是一项非常重要的技术。因为比赛都要从发球开始，如果发球没有越过网，没有进入正确的（对角线）发球区，就不可能赢得比赛。

制定、练习和应用发球战术要考虑以下几个方面的因素。

1. 任何一场比赛都是从发球开始的，运动员要用最稳定的发球，确保发球不失误。随着比赛的进行，可结合对手技术上的弱点和对方站位发出更多的旋转和打出更加精确的位置变化。

2. 从球场中央发球。靠近中间位置可以让运动员更轻松地向任一方向移动。

3. 最好的发球是深入发球区的中间或反手一侧，让对手后退接球。这样可以延缓接发球运动员上到网前的时间。

4. 创造一个弱回击。打各种深发球结合旋转和角度将有助于创造一个弱回击。

（一）发球的站位

单打发球的站位一般来说距中线位置较近，因为有利于准备下一拍击球。但根据自身的特点和对手的站位可以有所改变。例如，右区选手向边线一侧站位，有利于发出角度更大的外角球，可以充分将对手拉出场地，更有利于下一拍球的正手进攻，如图3-1所示。

图3-1　单打中发球和接发球的位置

（二）发球落点

1. 平击发球发向发球区中线附近，这是因为球网中间的高度比两边低，发直线球线路最短，再加上平击球本身速度快，增加了接发球的难度。

2. 发向外角，把对手拉开。发侧上旋或下旋球到发球区的外角，充分利用角度和球的旋转把对手拉出场区，尤其是当外角是接球员的反手时，效果更好。因为大多数人的反手弱，被拉开后很难迅速回位。

3. 发向对手的身体（追身球）。把球直接发向接发球员的身体，即追身球。如果带有强烈的旋转效果会更好，这样会使接发球员很难调整好身体的位置而回出质量不高的球。

4. 发向对手的弱侧。观察对手正反手强弱情况，把球发到对手弱的那一侧。

二、接发球战术

在匹克球比赛中，接发球运动员一般处于主动地位，但如果对手的发球技术非常出色，接发球运动员则需要扎实的底线抽球技术和接发球战术。

（一）位置

接发球要选择好接球位置，大致在对方可能把球发到的角度的角平分线上，使正手和反手各有一半机会接球。如果自己的正手或反手有明显的优势，则可适当让出一些位置，接球距离根据对手的发球水平及特点而定：如果对手发球力量大且深，可以适当地退后一些距离；如果对手发球速度不快，可以适当地向前移动一些距离。

（二）调整

随着比赛的进行，接发球运动员可以根据对手发球的类型、力度、旋转以及对方最常使用的地面击球方式来对自己接发球的战术进行调整。

（三）线路

对于击落地球，接发球运动员要根据对手的站位以及强弱侧，清楚自己要打球的线路，包括斜线深球、直线深球、小斜线、直线和斜线吊球等。

（四）强项与弱项

接发球运动员需要思考对手的强项和弱项是什么，以及如何将其与自己的强项相匹配。总之，试着强迫对手用最弱的技术击球。

（五）对角线移动

如果发球或接发球回击是宽的，快速向前移动一条对角线以切断它，并减少必须覆盖的距离和角度。

（六）深回击

为了减缓或阻止对手在非截击区达到一个更具攻击性的位置，接发球要尽量回出较深的斜线球或中路球或直线球，回球要尽量接近底线，不要出现浅球，同时要注意过网的高度，保证接发球的成功率，从而减小必须覆盖的区域。深回击，深度比力量更有效。

三、站位

1．本垒：建立一个“本垒”是必不可少的。当球员等待对手的回击时，对于深的击球，如果对手是从球场中心击球，此时球员的本垒应该是底线后面的中心球场。

2．平分角度：当打底线到底线时，如果球从左角返回，应该把自己的脚放在中心球场的右边。如果球从右角返回，则稍微向左移动以平分可能的返回角度。

3．远离中场：匹克球场中场通常被称为“无人区”，应该像“非截击区”一样避开，除非运动员真的擅长低截击或半截击。

四、网前打法

1．上网时机：在单打中，第一个关键是决定什么时候上网。一个好的深击球将给自己提供一个很好的机会，跟随击球上网。任何可以将对手拉开的击球（包括短角度击球）都可以作为一个好的近距离击球。

2．先掩护边线：在单打晋级赛中首要考虑之一是尽可能多地掩护回球区。这是通过在非截击线附近建立一个本垒来完成的，这个本垒有点偏离中心，其朝向取决于球将从哪边返回。一定要照顾到附近的边线。

3．当对手开始挥拍的时候，此时注意力要集中在对手挥拍位置，提前预判对手的击球方向，这将决定球员在场上移动的位置。

4．快速移动：在球被击中之前或之后立即向球运动的方向移动，不要等球过网才去移动。

5．沿对角线向前移动以减小返回角度并缩短球员移动的距离。

6．更深和更平的高位截击：大多数错误的中场截击是在腰部或更高的位置放网。为了避免这种情况，最好打更平和更深的截击。

7．当对手站位很深时，短截击球是一种非常有效的击球。与正常截击不同，稍微放松球拍，减小球拍击球后的力量，球拍在空中轻轻截击，使球刚过网就落地。

8．用头顶扣球的方式回击高球，尽量不要打得太用力，可以打一个落点来调动对方的步法。

五、单打的练习方法

（一）八字形打法

球员A1在球场的一端，球员B1在另一端。球员A1完成了所有的直线击球，球员B1完成了所有的斜线击球，球员们位置互换。这个练习对于控球和调节节奏时非常有效的，如图3–2所示。

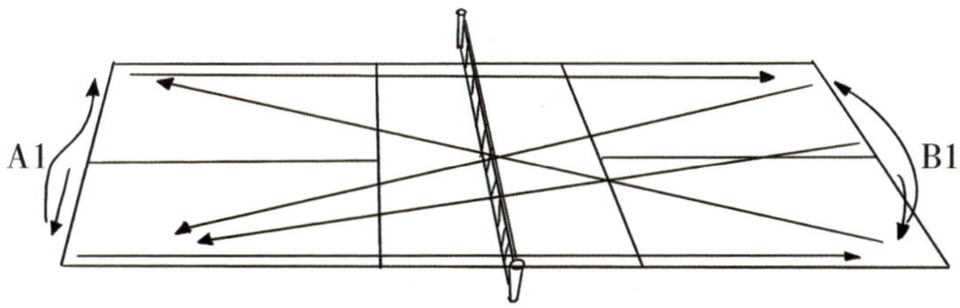

图3–2　八字形打法

（二）网前八字形打法

这和八字形打法是相同的，只不过它是在非截击区进行的。球员A1直接击出直线丁克球，球员B1击出斜线丁克球，然后互换，这对练习短距离迅速移动非常有效。

（三）雨刷式单反

球员A1有一个装球篮。球员B1在对面的底线。球员A1将球传给球员B1，球员B1分别以正手落地球和反手落地球回击。打完一篮子球后交换位置，如图3–3所示。

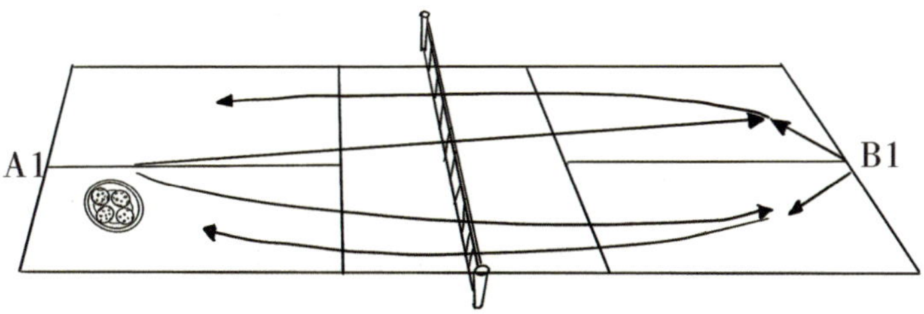

图3–3　雨刷式单反

第二节 双打战术

匹克球双打比赛是匹克球爱好者最为常见的比赛和娱乐方式。双打比赛是在发挥个人单打比赛技术基础上，互相配合进行的活动。匹克球双打与单打战术特点截然不同，双打的显著特点是网前的激烈争夺，一般来说，谁控制了网前谁就有更多的进攻得分机会。由于更多地参与到网前进攻，双打对技术、战术的各方面要求也更高，比如发球、接发球的水平，场上的反应判断能力，网前处理丁克球、进攻及防守转换的能力。在匹克球双打比赛中可将匹克球双打比赛分为四个阶段。第一阶段是发球队发球、接发球队上网。第二阶段是发球队奋力向网前移动，达到与接发球队同等的战略地位。如果一个很好的第三拍吊球落在非截击区，则会很快地上到网前；如果第三拍击球太高，那么上到网前就会很困难。第三阶段是一个谨慎而紧张的丁克相持阶段。在有能力将球保持在低位的高级球员中，丁克可以持续很长时间。接下来是第四阶段，令人兴奋的部分。一旦有人让球打得太高，一场快速的扣球比赛就开始了。在高级比赛中，大约一半的比赛将进入第四阶段，并以令人兴奋的快速扣球结束。

一、匹克球双打战术

（一）第一拍：发球

1. 发球球员位置。

在双打比赛开始时，运动员的位置应该如图3–4所示。球发出后，发球者及其同伴都应该站在靠近底线的位置以便在球反弹后回球。发球时，要尽量站在中间，以确保自己下一拍击球可以用正手击球。

图3–4　发球的球员位置

2. 发球落点和发球深度。

一个理想的发球，通常是快而深的而且是指向接球人的反手位置。但是，对于大多数初学者和中级选手来说，最好的发球策略是瞄准发球区的中心位置，尽量减少发球失误。发球不必太快或太低。如果发球者的发球落点都能够达到发球区的中心位置，那么发球者发球成功率已经达到100%。双打的发球一定要稳，在没做到这点之前，不要尝试快速发球或深发球，也不要尝试增加旋转，只需专注于击中目标，即发球区的中间位置，如图3–5所示。

许多球员都开发了旋转发球，可以很好地对付不同的对手。但是，当球员和比自己更强的对手交战时，会发现旋转发球对比赛并没有帮助。与网球不同的是，在高级选手中，通过发球很少能赢得比赛，即使最理想的发球是快而深的旋转，大多数顶级球员还是会选择相当保守的发球，这基本上保证了球员发球不会失误。以下是对数百个5.0级选手发球的研究，研究表明顶级球员的平均发球深度54%落在发球区的中间。

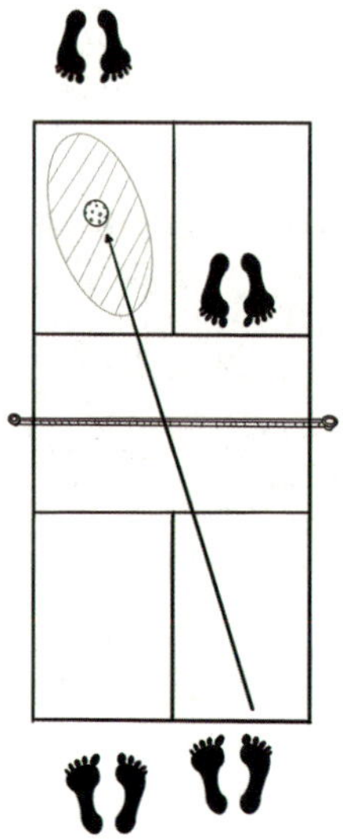

图3–5　发球落点

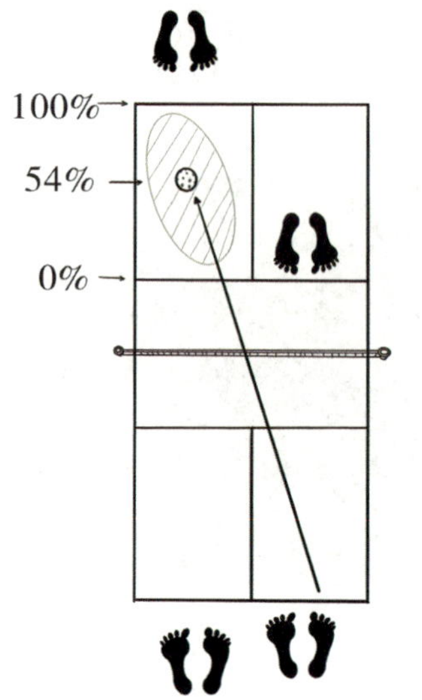

图3–6　顶级球员的平均发球深度

（二）第二拍：接发球

1．球员位置。

接发球的球员通常应该站在底线后准备接发球，而接发球球员的同伴则应该站在非截击线附近位置。接发球球员的同伴应转动上半身，仔细观察发球是否在界内。对于离底线很近的发球，接发球的球员往往很难做出判罚。

匹克球双打比赛的第二拍接发球有以下两个策略目标。

第一，接发球球员必须在下一拍回球之前完全到达非截击线。这要求接发球球员接完球后要快速地移动到非截击线附近与同伴并肩作战，制造机会赢得比赛。

第二,一个理想的接发球应该尽量使对方的第三次击球变得困难。理想的击球应该是快而深的旋转。然而，顶级球员选择接发球的方式基本是以稳为主，在第二拍的接发球中不会让自己失误。因此，接发球回击不需要太快。事实上，一个呈弧线、相当缓慢的击球是好的，只要接发球者能击中发球区中间偏后的位置。大多数教练都认为接发球回击应该尽可能深而不出界，但这对于初、中级选手来说，很难控制击球的力量和角度。一个糟糕的接发球是一个高弹跳的短回击，就像一个高弧度的短回击一样。这样的击球可能会带来一个很难处理的近距离快球回击。此外，短距离的回击可能会让对手轻松上到网前。

然而，在双打比赛中，球员需要快速评估哪一个对手的第三拍吊球不太熟练，然后将所有接发球给这个球员。一个不能熟练地运用第三拍吊球的球员是这方一个主要的弱点。

2．接发球的落点和深度。

双打比赛第二拍接发球队的球，理想的回击落点应该在对方反手位靠近中线的位置，球尽量回击对方深区。接完球后一定要快速移动到非截击线附近，如图3–8所示。

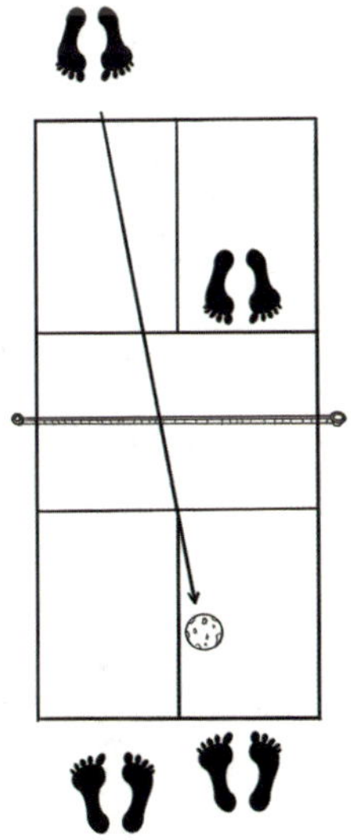

图3–7　第二拍接发球的落点

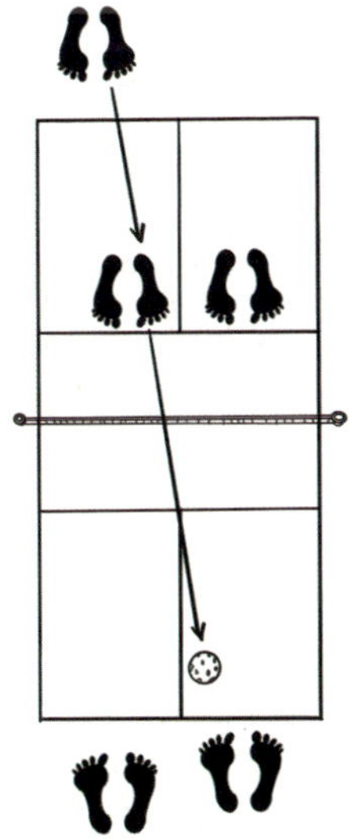

图3–8　接发球者返回路径

3. 第二拍接发球后要迅速上网。

第二拍接发球后，负责接发球员要立即冲向NVZ线，做好充分准备，原地接对手的第三次击球，成为第一个夺得上网机会的球队。此外，接发球队还得注意在NVZ线的准备姿势，稍微压紧身体，把拍子举至胸前，使得击球处于NVZ区域。

接发球队伍在第二拍接发球后立即回到NVZ线上，可以迫使对手做以下三件事之一。

（1）对手可以在非截击区里打吊球，这是一个相当艰难的击球。这通常是最好的战术，顶级选手在双打比赛中至少有80%都在使用第三拍吊球。然而，即使是顶级选手，这样的击球也会失败，直接导致15%～20%的比赛失败。

（2）对手可以打一个快球或其他击球，网前接发球员可以截击回来。虽然快球有时候成为赢家，但快球通常会被接发球队击到足部深处，然后发球队必须在无人区（非截击区外的球场区域）再进行一次击球。

（3）对手可以打防守高球。底线的高球通常不能很好地对付那些有良好移动性的高级球员，因为这些顶级选手的移动能力和反应时间非常快。虽然防守高球在对抗高水平球员时效果不好，但在对付移动能力差的球员时效果很好，尤其是在室内打球时，风不是一个影响因素。

因此，第二拍接发球后，接发球队球员一定要快速回到NVZ线上，让发球队在接球时有压力，发球队必须要打出一个高质量的回球，才能有机会上到网前。

4. 第二拍接发球队未按时到达NVZ线的其他问题。

（1）失去最佳机会上到网前。第二拍接发球接完球后未按时到达NVZ线，可能直接导致发球队首先取得近网的优势。如果接发球队接完球没上到网前，那么发球队就会上到网前，把球打到底线，直接把接发球队压到后场，那么接发球队在比赛中就比较被动。

（2）接发球队球员在球场上的位置错误。在匹克球双打比赛中，比赛伙伴需要保持联系，需要尽可能平行和向前。一前一后的站位会导致进攻和防守都很差。在这样的安排下，前面的队员和后面的队员之间会有一个空白区域。此外，后面的队员处于较深的位置也会导致球场保护能力下降。

（三）第三拍

第三拍是由发球队打的，第三拍打什么类型的球将直接决定发球队能否在赛场上取得主动权。这个时候，接发球队已经在网前处于进攻状态，而发球队仍在后半场处于防守状态。发球队的目标是让自己的球队尽快上到NVZ线。

1．第三拍吊球。

理想的第三拍是进入NVZ区域，也称为非截击区。大部分顶级球员第三拍击球都会去打软吊球。这种相当慢的软吊球比打快球效果更好，软吊球可以让发球队有更多的时间上到网前。在5.0级的高级球员中，第三拍软吊球进入非截击区，然后快速上到网前，再和接发球队展开一场丁克相持。如果发球队不能很快到达NVZ线，就意味着发球队将在无人区（非截击区外的场地）打出第四拍。此时，发球队的球员要清楚自己的目标是朝着球网前进，假如第三拍吊球太高，那么很有可能会被截击回来，这时候发球队将需要停下来，分步进行截击回击。第三拍吊球的落点如图3–9所示。

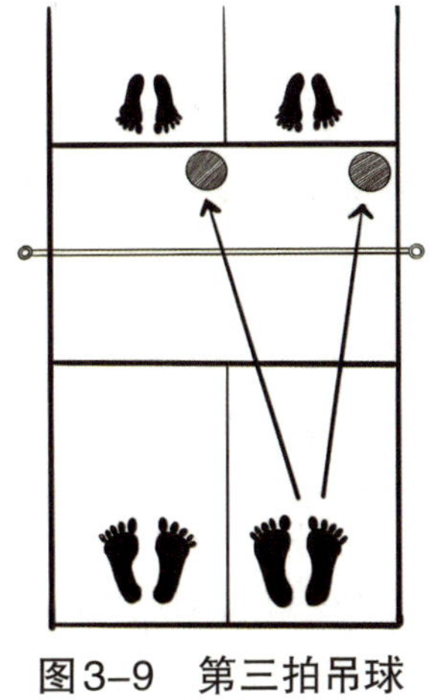

图3–9　第三拍吊球落点

如果想成为一位匹克球比赛高手，第三拍软吊球是必须要掌握的。一个糟糕的第三拍吊球要么太深，允许截击回击；要么太短，击中网。显然，太深总比太短好。3.5～4.0级别的球员比5.0级别的球员更容易因入网而失败。顶尖选手往往会以三比一的比例，分配偏深和偏短的球。

现在假设接发球队接完球后没有及时到达NVZ线。在这种情况下，第三拍就不能打软吊球，此时应该让对手后退接球，把球打到靠近底线的对手的左脚后跟这个位置，如图3–10所示。

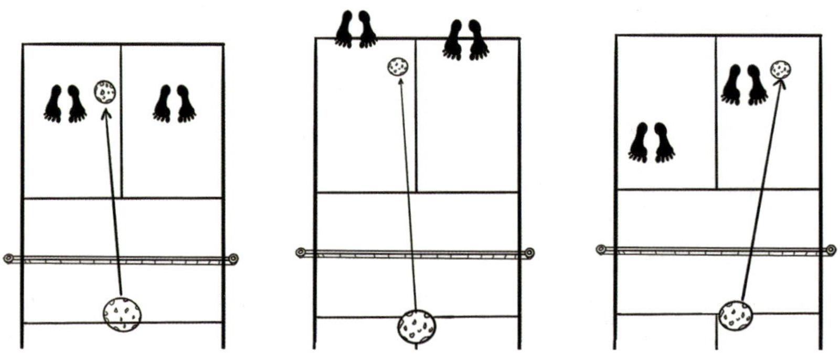

图3–10　左脚后跟位置

左脚后跟位置，是匹克球双打中最重要的攻击目标。请注意，目标左脚后跟并不总是正好位于左脚后跟。更多的时候，它是脚跟深处，目的是给对手造成一个困难的低反手回球（对于右撇子球员）。一旦击中这样的球，发球队应该迅速到达NVZ线，建立网前优势。

2. 第三拍快球。

在顶级球员中，击中非截击区是最常用的第三拍击球策略。另一个不常使用的第三拍击球策略是在中间打出一个低的快球，希望对方以防守回击，让球保持在中场位置。有些初、中级选手，在没有掌握吊球的技术时，往往会采用第三拍快球。这些初、中级选手觉得可以从快球中获得直接的胜利，而很少能从吊球中获得胜利。

一般来说，在接发球队可能无法完全返回NVZ线的情况下，球员们才会采用第三拍快球的击球方式，这时候应该根据场上球员位置，把快球打向离底线近的那一位球员，目标还是这位球员的左脚后跟位置，不要给对方创造机会上到网前。

3．第三拍高球。

对上百场比赛的研究表明，用高球作为第三拍的策略是很低效的。这一发现适用于所有级别的比赛。在一些初级选手中，有些球员没有做好准备姿势，对方的球又快又长，这种情况下只能被迫打一个高球，这种高球往往是很被动的，对方会直接大力扣杀，所以不建议第三拍采用高球去接发球。

（四）第四拍

第四拍球完全取决于发球队的第三球所打的类型。

1．如果第三球是吊球，第四球很有可能是丁克球回击，此时两队的球员都进入丁克相持阶段，直到某一球打高的时候，另一方球员则会毫不犹豫选择截击，然后赢得比赛。

2．如果第三球是打到中线的落地球，那第四球很可能就是截击。

3．如果第三球是高球，那第四球很有可能是落地球或者高球。如果第三球高球打得过浅，迎接它的将是第四球的扣杀。

当四名球员都聚在网前的时候，就要看哪队先失误。例如，把球打到网上，打得太高给对手扣杀或截击机会。

理想状态下的第四拍球应该是两支球队在网前的丁克球，也就是网前的竞赛。但是还是有一些球员出于各种原因不上网，比如行动不够灵活、上网意识淡薄等，他们习惯站在后场打底线抽球，这种情况一般很难在比赛中获胜。如果想成为一名匹克球运动高手，一定要学会运用前四球的击球顺序，并在比赛中熟练地运用这些战术。

表3-1　匹克球双打前四球的打法

击球顺序	队伍	击球类型		
1	发球队	深发球		
2	接球队	慢回深球		
3	发球队	吊球	落地球	高球
4	接球队	丁克球	截击	落地球或高球

（五）学会双打丁克技巧，避免给对方机会

在高水平比赛中，当第三拍打完吊球后就会进入丁克球相持阶段。此时，双方球员都正确地定位在NVZ线上。在打丁克相持时，最糟糕的事情就是给对手提供一个可以直接扣的球。因此，丁克球相持时，一定要控制好球的弧度和落点，防止对方这种侵略性的击球。

1. 当双方进入丁克球相持阶段时，练习者应该加强以下几个方面练习。

（1）球员必须和自己的伙伴保持联系，不要离开自己同伴超过2.13米，要和自己的同伴形成一堵墙，每次击球后滑动并重新定位墙。

（2）减少经常进入球网的失误和误击。失误通常是由击球点在球拍的甜点区之外（打偏中心）而造成的。误击通常是由不看球造成的。通过与练习伙伴击球或对墙击球来练习看球。

（3）让球越过网，但不要太高，防止对手截击。通过与同伴练习或使用练习墙来加强。

（4）学会左右控制丁克球。同样地，与同伴练习或使用练习墙。

（5）学习控球远离要避开的安全目标和丁克落点。尤其要避免直接向自己正对面的对手下手，避免把球打向这名对手的正手位置。

（6）打破防守墙或者给对方施加压力以使对手出现漏洞。要做到这一点，球员必须具备准确地控制球的能力。

2. 丁克球的团队合作技巧。

（1）通过防御墙和搭档保持联系的重要性。初学者在刚开始学打球时会有一个共同的缺点，就是他们采用了“这边是我这边，那边是你那边”的覆盖策略，如图3-11所示。这样，球员A主要停留在左半区的中间，并试图保护左半区球场，而球员B主要停留在右半区中间，并试图保护右半区的球场。

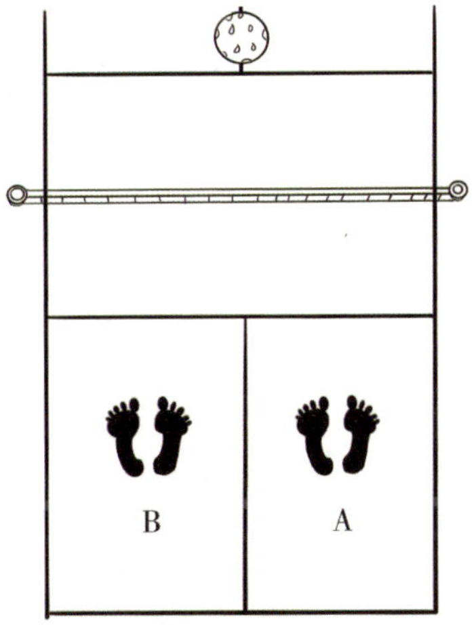

图3-11　典型的初学者覆盖策略

问题是，中间有一个洞，每当球员A或B向边线移动时，洞就会变大。有了这样的覆盖策略，对手就很容易找到漏洞。一旦有人向边线移动，球就会被打在中间。下面看看高级球员在球场上的表现，这些高级球员从来不独立工作，而是联系在一起，形成一堵墙，自己随着球的位置变化而滑动，如图3-12所示。如果球在球场来回移动，这就需要来回重新定位。注意队友们是如何保持联系在一起的，两球员之间距离不超过2.13米。因为球场太大，保护不了那么宽的距离，只能试图保护最重要的部分，即靠近球的位置。注意，当球在A前面时，A必须保护自己的边线，B必须保护中间。同样，当球在B前面时，B必须保护自己的边线，A必须保护中间。

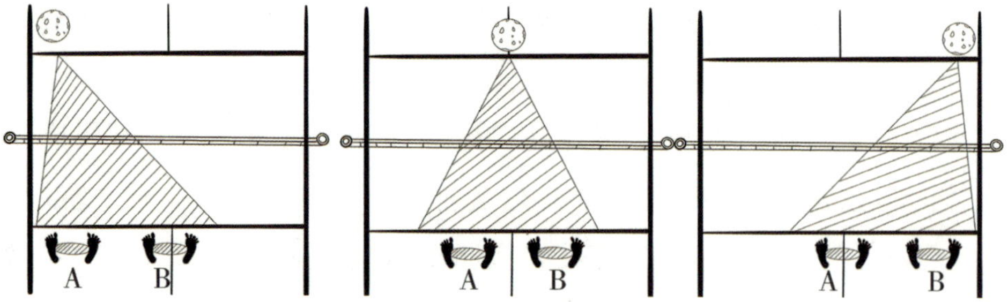

图3–12　滑动连接的防御墙

初学者的球队，即使能理解两球员之间保持联系的重要性，但在实际比赛中还是会控制不好两人之间的距离，往往两个人之间的距离太大，造成中路有个漏洞，给对方袭击中路的机会。所以高水平的球员一定要保护好中间，同时给对手一个击球，将球击到没有保护的区域，如图3–13所示。

图3–13　保护中路，防止中低球

（2）覆盖范围：沟通。要想成为一名真正的匹克球高手，需要大量地练习匹克球技术中的击球技巧，比如学习如何进行第三次击球。然而，有些事情对于运动员来说是很容易做到的，比如与你的搭档保持良好的沟通。沟通不仅仅是礼貌，随之而来的还有分数和胜利，而不是失败。记住，大多数球类比赛分数都很接近，获胜的球队可能只比失败的球队多赢几个回合。所以，做一些简单的事情来帮助自己的球队获胜是很值得的。

赛前沟通

①双方都要清楚自己的同伴在匹克球技术方面的长处和短处。诸如移动能力差、底线技术不行、吊球技术差、第三拍能力差等问题双方应该得到有效的沟通。

②沟通，比如风向和是否涉及左撇子之类的事情。

基本通信

①我的还是你的：喊“我的”或“你的”，除非是非常明显的球。这种交流对于第三拍和高球特别有用。

②出界：如果看到球出界，要及时对搭档喊“out”。

③如果确定自己的搭档所打出的一个高球会落在界内，就大喊“有球”，这也是在提醒自己的同伴要做好防守接对方的头顶杀球的准备。

④换位：如果对方的高球越过自己搭档的头顶，喊“切换”。这意味着，自己要和搭档换边，比如从奇数场覆盖到偶数场覆盖，反之亦然。

⑤上去：当对方的高球把自己的同伴拉回到球场深处时，喊“上去”。初学者通常不会向上移动以响应较深的吊球。所以，帮助引导同伴上到网前，可以大叫“向上移动”或“回来”。

⑥当看到自己同伴打的高球不够高时，喊“后退”，因为对手从NVZ线扣球，提醒同伴做好防守扣球的准备。

（3）双打中丁克球击球落点。初学者可能在别的技术方面表现得很好，但在处理非截击区内的丁克球就没有那么顺手，这可能是由于初学者还没有掌握丁克球的击球技巧。在双打中，当双方对手

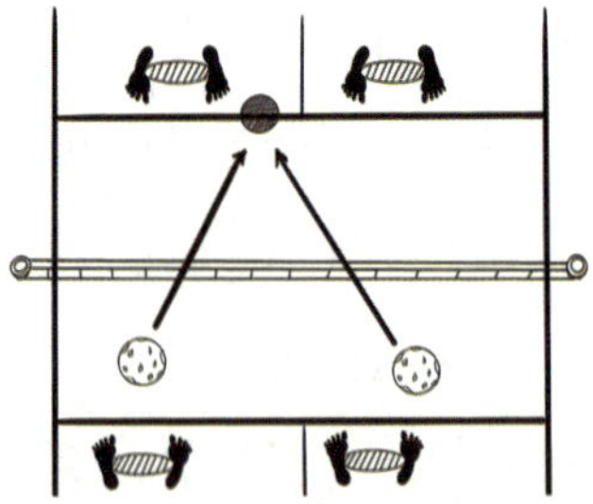

图3-14　初学者丁克球击球落点

同时站在网前丁克相持时，丁克球的击球落点显得非常重要。一个好的初学者策略是瞄准T区域附近，如图3-14所示。跟右撇子球员比赛时通常一个好的目标就是右撇子球员的左脚。大约75%的落网丁克击球发生在球员试图打出一个低丁克和反手丁克球。那么，高级选手在丁克时会做什么呢？这些高级选手的目标是对对手施加最大压力，让对手产生移动或争抢，希望迫使对方因移动出现一个漏洞，然后把球击向这块区域。高级选手网前丁克相持时，一般有两种战术：第一种是将对手移动到中线，然后突然向对手的边线击球；第二种是将对手推到边线，试图在中间开一个洞。许多教练都建议不要连续两次以上往同一个目标点丁克。一个可预测的丁克击球对于对手的威力不大。

（4）球员在偶数场位置和奇数场位置丁克球的击球落点。高级选手在网前丁克球时，通常会瞄准图3-15所示的一个目标。几乎所有的击球都只瞄准这些目标。这些高级选手从不直接把球打向对方，而是击中对方两球员之间或边线。高级选手处理丁克球的目标是所有的击球都需要接球者移动或者争抢。

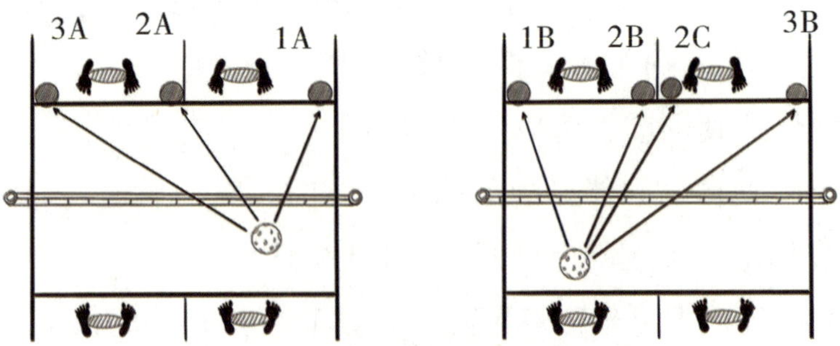

图3-15　偶数场、奇数场丁克球击球落点

①球员在偶数场位置丁克球击球落点。

目标1A的落点是把对面的对手推到边线。如果对手是右手握拍，并且距离边线有点远，尽量让球靠近边线和对方的左脚后跟。换句话说，尽量让球越过这个对手。这样做最大限度地增加了回击的压力和难度，限制了回击的角度，防止对方给一个犀利的边线回击。

目标2A的落点是距离对手反手位较低的位置，并且非常接近脚，回击这样的球是相当有难度的，处理不好还容易把球打高。这个击球落点可以对付反手位较弱的球员，通过连续瞄准对方左脚后跟外侧，使对手反手位回球质量下降，赢得主动进攻的机会。目标2A还有一个优点，那就是它切断了对手突然做出斜线回球的能力。目标3A是一个突然大幅度的斜线球。这种斜线球可以把对手推到远处的边线。

②球员在奇数场位置丁克球击球落点。

目标1B的落点是把对手推到边线。只有当对手离边线有点远，或者向前移动时，才是运用1B击球落点的最佳时机。打这种球要注意击球的质量，尽量让球靠近边线或对方的脚跟深处，不能给对手一个简单的正手击球。

目标2B的落点是对手的反手位低球，并且非常接近脚。目标2C是对方正手和脚的交叉场。只要这个击球是低的，并且落在对方脚下，那么这个击球应该是安全的。这种击球迫使你的对手撤退，打一个短跳半凌空抽射，或打一个非常低的地面凌空抽射。所有朝中间的击球都禁止对手在交叉场上做出强有力的截击。目标3B是一个大角度的斜线球。一个大角度的斜线球可以把对方推到边线。在高级比赛中，球员们会经常打出一长串的交叉场反手到反手的交换。这样的击球通常会阻止进攻。注意回球后，球员需要迅速回位，以避免给对手留下漏洞。

3. 丁克相持时，双方球队都要有耐心。

许多匹克球爱好者不太擅长使用丁克球，特别是一些初学者认为丁克球没多大用处，不能够直接得分，而且丁克相持阶段持续的时间长，有些球员就会失去耐心，想办法退出丁克相持。所以要么开始一场快球大战，要么打出一个高球。这些选择是因球员的不耐烦而做的，通常会导致比持续丁克更高的概率输掉比赛。高手在打匹克球比赛时，一旦球进入丁克相持阶段，这些高级球员精神上会安定下来、放松下来，并下定决心坚持下去，直到有人失误或打出一个成功概率更高的击球，比如扣球机会出现。

4. 丁克相持时，如何防御对手。

前面已经讨论过最重要的防守是与自己的搭档保持联系，无论球是传给谁的，连接不能被打破，防守墙必须相对于球的位置滑动。如果操作正确，对手不应该在两球员之间击球，中间位置一定要保护好，所以防守墙非常重要。

在非截击区的准备姿势非常重要，当球员重心很低时，可以快速移动，快速处理脚下球。如果有些球员腿站得很直，重心很高，可能很难防守脚下球，见图3–16所示。

图3–16　正确的准备姿势

5. 丁克处于被动局面，如何摆脱困境。

在匹克球比赛中，高级选手们通常会尝试回击斜线丁克球把对手推离球场。此时，一方队伍在比赛中已经处于被动地位，那么该如何处理被动情况下的丁克球呢？以下有四种方法处理这类问题。

第一选择：如果被对方拉到边线之外，把球打给非截击区的斜对面选手，而不是自己正前面的对手，这叫作“从一个柱子到另一个柱子”（见图3–17）。确保瞄准非截击区，遇到麻烦时，向非截击区击球是摆脱困境的免费通行证。这样的击球应该能为自己争取足够的时间回到原位。当大多数初学者球员被拉到边线时，会将球打给在前面的近的对手，让对手打一个轻松的截击。所以当自己在网前被拉开时，如果可能的话，把交叉球打到非截击区里。

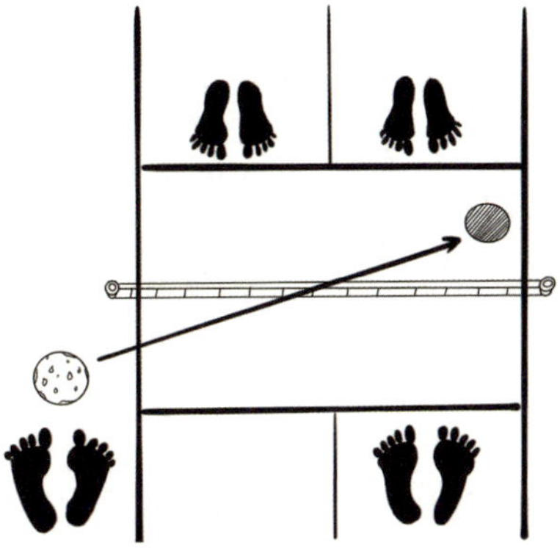

图3–17 遇到麻烦时，把球放回非截击区的交叉场

第二选择：如果自己被拉到边线外太远，球也离自己很远，这时已经不能让球从一个门柱到另一个门柱，那么在尽可能靠近安全点的地方打一个软球（见图3–18），尽量让球落在尽可能靠近球网的地方。这会减慢丁克速度，限制对手的选择，也许会让你重新回到原来的位置。

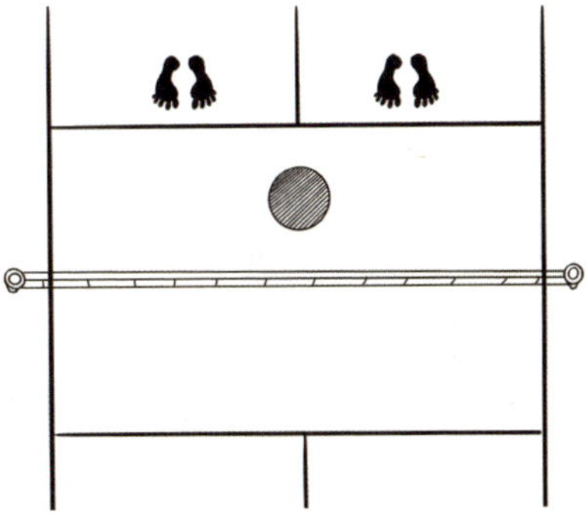

图3–18 丁克安全点

第三选择：这个选择是网球的老规矩。遇到大麻烦时，可以尝试打吊球。如果自己被拉到边线以外，此时不能及时回到球场上帮

助自己的队友，那么可以吊球或尝试下面的下一个选择，绕过门柱。在有麻烦的时候尝试吊球是很困难的，但总比让自己的队友负责整个球场要好。

第四选择：绕过门柱。这种绕过门柱的击球在平时比赛中会比较少见，但偶尔也会出现，要获得最大的宽度（超过柱子的距离），等到球几乎第二次反弹（几乎碰到地面）后再击球。然后打低，进入对手的球场。请注意，球不需要返回到网上，返回可以远远低于网的高度，比如刚刚高于地面。这种击球往往很容易得分。

6. 丁克安全地点。

球在对手的球场上最安全的地方如图3-18所示。这个丁克安全点在非截击区的中间，在球场中央。从这个球的位置来看，对手在速度和方向上都不会很有攻击性。当初级选手在球场上遇到麻烦或被对手推到边线的时候，把球打到丁克安全点。

另一种遇到麻烦的时候是当球击中网然后掉下，也就是比赛中的擦网球。这样的球很难接到。一个常见的错误是等球落地弹起后，迅速抢先把球接回去，这样急匆匆的回球往往会给对手一个扣球机会。最好的策略是打一个斜线球，然后进入非截击区。

7. 丁克相持时，要避免的击球位置。

在丁克相持阶段，要避免给自己对面的对手一个简单的丁克球回击。尤其要避免用正手击球，因为这样可以很容易地进行身体击球。在匹克球职业选手比赛中，丁克球至少有75%的击球目标都是对方的反手。当两队都处于丁克相持中，最好不断地给对手施加压力，让对方伸手、移动或争抢接这个球。另外，避免连续两次或更多地击到边线，因为这可能会招致对手边线的偷袭，高级选手可以直接从边线绕过网柱打。高级球员可以准确地控制球，即使是非常尖锐的角度。那么，中级球员怎样是获得这种技能的呢？一种方法是找几个练习伙伴，也许这样的练习可以在赛前热身时进行。

在高级水平的比赛中，丁克对打，无论是4.0还是5.0级别，且通常以失误告终，通常是以下两种情况之一。

（1）有人把球打得太高，这就开始了一场快速的比赛。这就是大多数丁克对打的第一种结束方式，即使是在5.0的级别。

（2）有人将丁克球击入网中，这是结束丁克对打的第二种常见错误。即使在5.0水平的比赛中，一旦开始丁克，25%～30%的丁克相持会以有人将球打入网中而结束。

在高级选手比赛中，用丁克很难获得胜利。然而，当用丁克来对付一个中等级别球员或移动较差的球员，丁克效果往往非常显著。

（六）快速截击比赛中使用的战术

1. 不要招来攻击。

双方队伍在网前最糟糕的事情就是在网前给了对手一个可以扣的球。因此，重要的是要保持低丁克并且使球落在非截击区或非截击区附近。如果已经被对方推离了球场边线，此时把球迅速地放回球场的另一边。重要规则：永远不要给对手一个空中球（一个完全可以扣的球），除非这是一个设计成阻挠对手反应时间的击球，或者是一个后场高球。在高级选手比赛中，直接对着对面的对手正手击球是不明智的，因为这样的击球可以很容易地进行身体击球或挑高球。出于同样的原因，也最好避免给对方简单的正手击球。

2. 等待机会球出现。

大多数快速比赛都是在丁克相持之后开始的，当球有点高的时候就开始了。问题是什么时候开始抓住机会扣球。老一套的经验法则是，如果球很低，没有机会去扣球，此时就需要轻轻击球，目标是把球打在非截击区附近。如果球有点高，此时机会球就出现了，可以给对方一个重球。如果在开始快速截击比赛时，第一次快速击球未能阻挠对手的反应时间，此时赢得比赛的机会只有三分之一。阻挠反应时间意味着用第一个快球得分或者得到一个微弱的回击。下面介绍启动快速截击的几种情况。

图3-19中是一个明显的能获得胜利的击球的机会。这个球够高，可以打下去。有了这个角度，球就不太可能出界。如果击球的目标是在对手之间，并且击中其中一名球员的脚下，那么这个球几乎不可能回击。

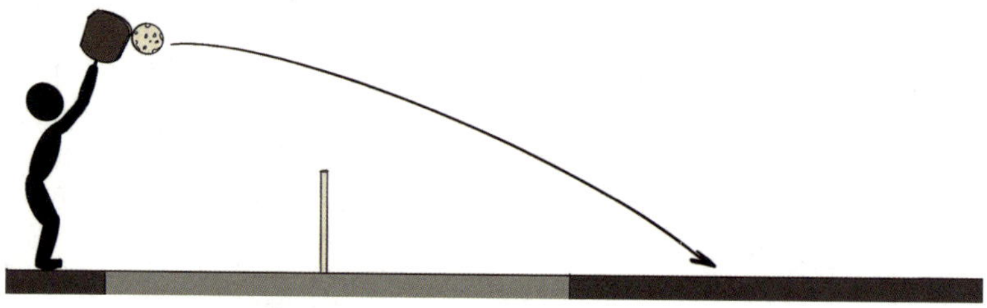

图3-19　开始快速截击的明显选择

图3-20中是一个启动快速截击的临界情况。球大约在网的高度，所以得稍微向上击球。有些高级选手可以把球保持在离网较低的位置，这样可以在不出界的情况下大力击球。如果球靠近球场中心，直接在对手之间击球。这样安排很可能会导致无回报、弱回报或弹出界。正如后面将要讨论的，不要把球直接打到对手的球拍上，因为这样对手可以很容易地回击。

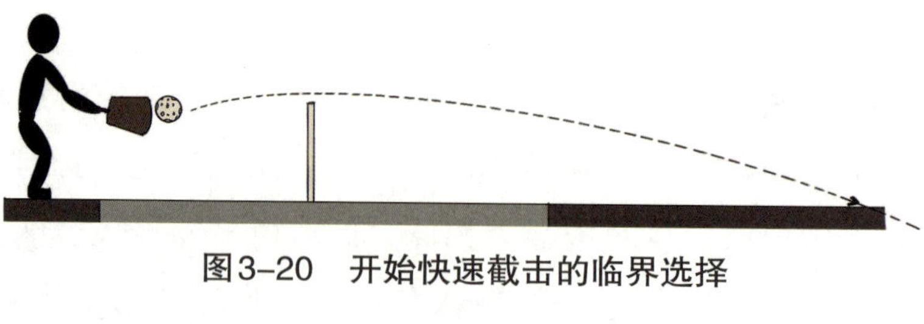

图3-20　开始快速截击的临界选择

图3-21中是一个开始快速截击的糟糕选择。球很低，离网很近。如果用太大力，球的轨迹会把它送出边界。初学者通常判断不好球是否是出界，往往在任何能够够得着的地方挥拍。但是一个高级球员可能会试图根据这个球的位置躲避一个快速球。快速球截击的大致轨迹如图3-22所示。

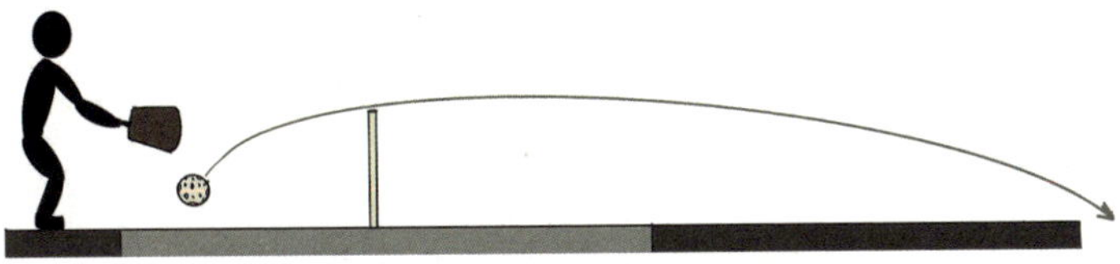

图3-21 开始快速截击的糟糕选择

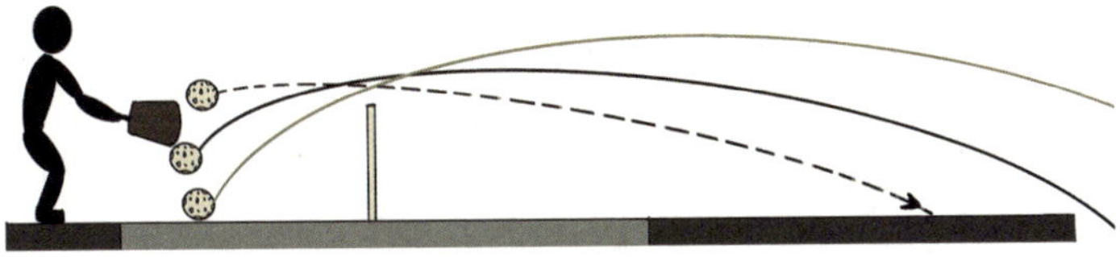

图3-22 快速球截击的大致轨迹

最好在对手后面有一块场地。这有助于迫使对手打快球。如果以这样一个角度进攻，如图3-23所示，对手可能会躲避这个击球，让它出界。

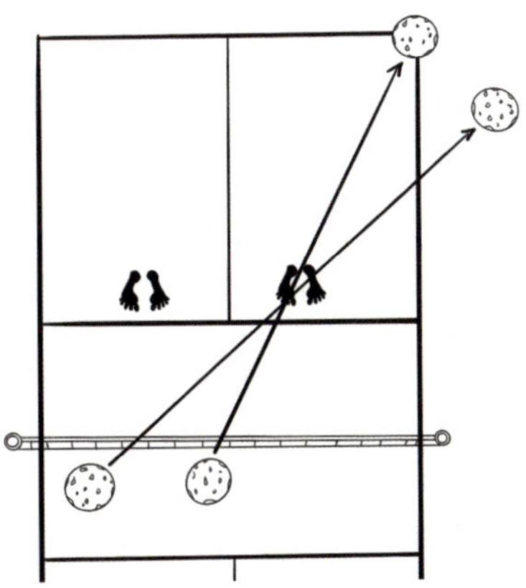

图3-23 避免这个攻角

3. 当高球出现时，抓住时机大打出手。

保守是好的，但过于保守是不好的。当球员们提高自身的技术与更好的球员对打时，利用每一个机会和每一个对手的失误是会变得越来越重要的。在比赛中靠防守而赢得比赛的概率比较少。在高水平比赛中，胜利者的击球，如成功的身体击球或在进攻中通过对手之间漏洞的击球，往往可以占到所有比赛的胜利的25%甚至更多。一般来说，当有机会在有利的情况下赢下比赛时，应该抓住机会大打出手。

4. 必须用第一个快球来阻挠对手的反应时间。

在高级选手中，如果开始快速比赛，但第一次快球没能阻挠对手的反应时间，此时赢得比赛的概率约为28%。阻挠反应时间意味着用第一个快球得分或者得到一个微弱的回球，比如一个弹出的球，这样就可以用下一个球赢得比赛。所以说，除非确定自己有一个好的击球机会，或者在进攻中对手之间有一个间隙，或者有一个很好的机会阻挠对手的反应时间，否则不要发起快球。

如果球员用第一个快球成功地阻挠了对手的反应时间，大约会有75%的机会赢得比赛。所以，第一个好的快球可以让自己的球队赢得比赛。一个坏球让自己的球队很有可能在比赛中失利。那么，如何阻挠对手的反应时间呢？需要三样东西：高球速、伪装射击（如果可能的话，包括意图和方向），以及将球击到迫使对手难以挥拍的一个尴尬的位置。下面进一步讨论第三点：位置。

如果把球打到阴影区（见图3-24），基本上是直接打到对方的球拍上，也就是直接打到对方的最佳击球位置。大多数初学者可以很容易地从这个皮带扣的位置击球。如果这个快球直接进入对手的球拍，那么阻挠对手的反应时间的概率不到30%。

如果把快球打到一个尴尬的位置，很可能会得到一个使己方胜利或将通向胜利的微弱的回球。因此，快速截击时，击球位置非常重要，见图3–25。

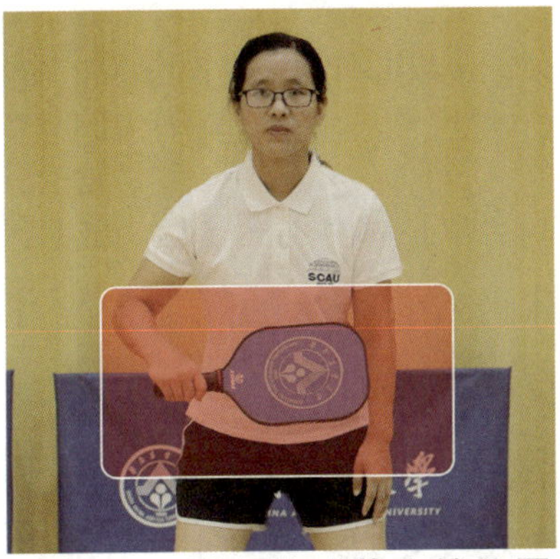

图3–24 避免快球截击的位置

图3–25 难以处理的目标位置

5. 当受到攻击时，放低，走近，出去，反方向走。

在网前比赛必须做的事是保持拍面向上和低重心以做出突然的回球。有些球员没有注意球拍的高度，常常会把对方的快速截击球回击下网。一些高级球员会观察对手拍子在网前的位置，一旦发现位置不对，就会发起快球攻击。当双方进入快球大战时，球员一般很难有时间思考，通常直接把球沿着它到达的同一条线直接送回给对手。当受到攻击时，应该尝试以下操作。

（1）如果可能的话，作为第一要务，把扣球角度调低。如果能在两个对手中间击中地面，那就是一个很好的回击。（放低）

（2）在快球比赛中，尤其是当开始快球比赛时，通常应该把球打向近的对手，也就是对面的对手，而不是远的对手。离自己近的对手反应时间更短。（走近）

（3）让对手伸手去击球。在可能的情况下，让对手伸出手来，或者使对手的球拍移到一个尴尬的位置。不要直接击中对手的球拍，但要打到两边，迫使对方伸出手或将球拍翻转（如从反手到正手）。当接到一个快球时，往往没有时间分析选择，所以即使对手有很好的连接，球场中间通常是一个很好的“默认”去处。一旦球高了，球从中间往下走往往就是赢家。如果不是这样的话，通常会导致手伸向前和微弱的回击。(出去)

（4）当回击一个快球时，把球打给对手的另一边。如上所述，初学者一般接快速截击时可能是把球沿着它到达的同一条线直接送回给对手。通常情况下，这会将球直接送回对方的拍中，使对方很容易就可以接到球。如果能强迫对手从反手到正手，或者从正手到反手这样不停地转换拍面去击球，这样很可能会得到一个微弱的回击。(反方向走)

6. 不要击界外球。

在快速截击球中，通常需要判断可能出界的击球。快速球通常会加快比赛进度，人很快就会变得马虎。在快速的截击对打中，第三或第四次击球时，几乎可以肯定会有一个界外球。一般人在快速的对打中，除了做出反应之外，很难做任何事情。然而，反应时间可以通过训练来加强，学会避免接触界外球是匹克球运动员必须具备的能力。

二、双打中的位置策略

根据球员在场上的位置分析双打最好的击球方式。需要了解位置战术和为什么在某种情况下这次击球可能比另一次击球效果好。下面将会介绍双打球员在球场上的所有可能位置，并非所有这些都可能发生，有些位置可能在更高级的比赛中发生。

（一）位置1

对手都在底线，球来得又快又深，如图3-26所示。

图3-26 对手都在底线

1．接发球方应该大力、深入地击球到对手的脚下或中场，以制造混乱，这是球处于底线时最好和最安全的击球方式。把球打到对方后场深处促使对方退后接球，防止对手在非截击区获得良好的位置。

2．尝试吊球，让球落在非截击区的网后，这是一个有难度的击球。如果吊球太高，可能会给对手上到网前直接截击球的机会。如果吊球正好落在非截击区内，那么吊球后接发球方就可以立即开始向上移动，这样就可以在对手击球之前在非截击区获得良好的场地位置。如果吊球没有达到自己想要的效果，请保持原地不动，直到再次创造机会可以安全向上移动为止。

（二）位置2

对手一个在底线，另一个在非截击区，如图3–27所示。

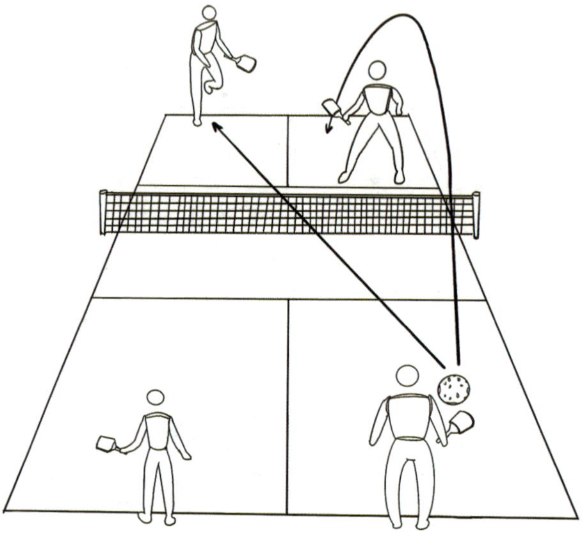

图3–27　对手一个在底线，另一个在非截击区

1．最好的击球方式是在后场大力、深入地击中对手的脚，让其保持在原地。不要将球击到对方中场，否则靠近网的对手会将球击回。目标是防止远处的对手进入非截击区并获得更好的位置。

2．尝试在距离较近的对手头上吊高球。同样地，目标是让对手远离非截击区，但高球有可能被对方直接扣杀或底线抽球，而且也有出界的可能。所以要准备好让远方的对手回击。如果发生这种情况，对面的两个对手可能会换边。如果高球正好落在对方的底线深处，这时候就可以立即开始向上移动，在对手击球之前在非截击区获得良好的场上位置。如果高球没有达到自己想要的效果，请保持原地不动，直到再次创造机会可以安全向上移动为止。

（三）位置3

对手都在非截击区，如图3–28所示。

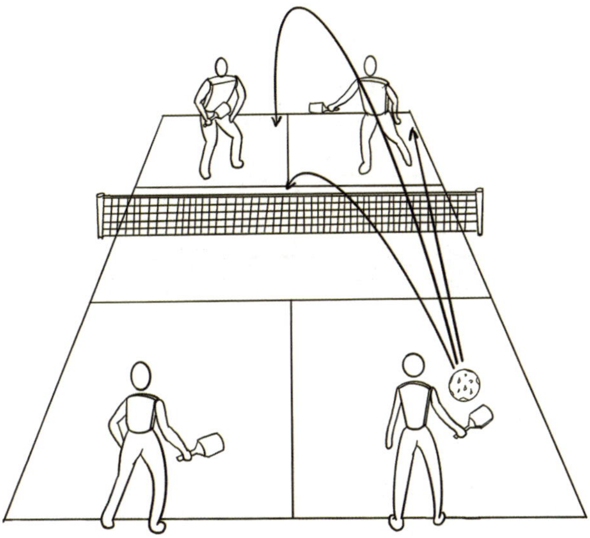

图3–28 对手都在非截击区

1．吊球到非截击区。吊球技术要求比较高，对于初学者来说难度比较大。但如果吊球吊到非截击区内，可以让自己所在球队有时间上到网前，并降低对手直接在网前截击的风险。

2．底线球员打出一个边线硬抽球，这种击球很危险，对手会在网前直接截击底线抽球，而且速度非常快。

3．尝试在任一对手的头上吊一个高球，将球打到球场中央，希望可能会使对方接球出现一些混乱。同样，吊高球的目标是对手远离非截击区，但是高球有可能落空，让对手扣球回击，或者长传，最终出界。如果高球正好落在对方的底线深处，这时候就可以立即开始向上移动，在对手击球之前，在非截击区获得良好的场上位置。如果高球没有达到自己想要的效果，请保持原地不动，直到再次创造机会可以安全向上移动为止。

（四）位置4

对手都在底线，球在非截击区，接发球队一人在非截击区接球，另一人在底线区，如图3–29所示。

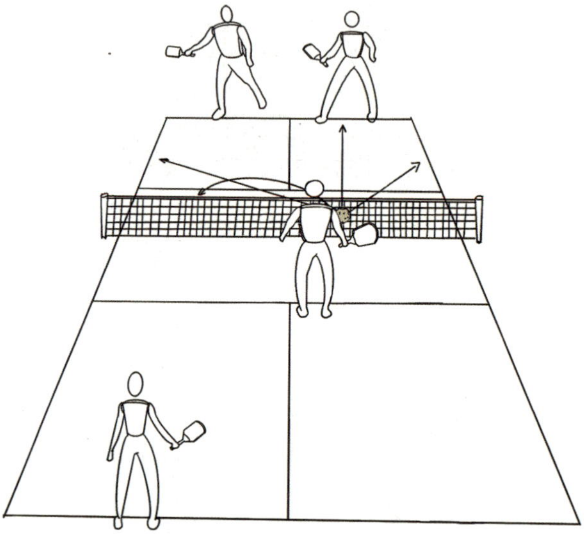

图3–29　对手都在底线，球在非截击区

1．如果球足够高，将球击回球场上的空旷区域或击向任一对手的脚下。如果球不高，朝相同方向击球。当自己处于网前而对手仍在后场时，这时有很多击球角度和空间可以选择。

2．跨场击球，让对手无法以足够快的速度上网。当对方的球越过球网还没落下时，可以凌空吊球打出一个角度球。如果让球先弹起来，那么对手就会有更多的时间上网，吊球就不会那么出人意料了。吊球的缺点是将对手带到了非截击区，然而自己的伙伴也仍然需要时间才能到达非截击区。如果一切顺利，处于非截击区球员的搭档应该在对手击球之前立即向上移动以便在非截击区获得良好的场地位置。如果击球没有达到自己的要求，请准备好后退（队友应该留在原地）以获得回击。

（五）位置5

对手一人在非截击区，另一人在底线，球在非截击区，接发球球队一人在非截击区接球，另一人在底线，如图3-30所示。

图3-30　对手一人在非截击区，另一人在底线，球在非截击区

1. 如果球足够高，将球击回靠近对方脚的位置。

2. 如果球不够高而无法扣球，则重击远方对手的脚。这将使自己的队友有时间进入非截击线。

3. 将球打到远处对方面前的空位，希望对手移动不到位，可能无法及时击到球。

如果击球按计划进行顺利，那么自己的搭档应立即开始向上移动，以便在对手击球之前在非截击区获得良好的场地位置。如果击球没有达到自己的要求，请准备好后退（队友应该留在原地）以获得回击。

（六）位置6

对手都在非截击区，球在非截击区，接发球球队一人在非截击区接球，另一人在底线，如图3–31所示。

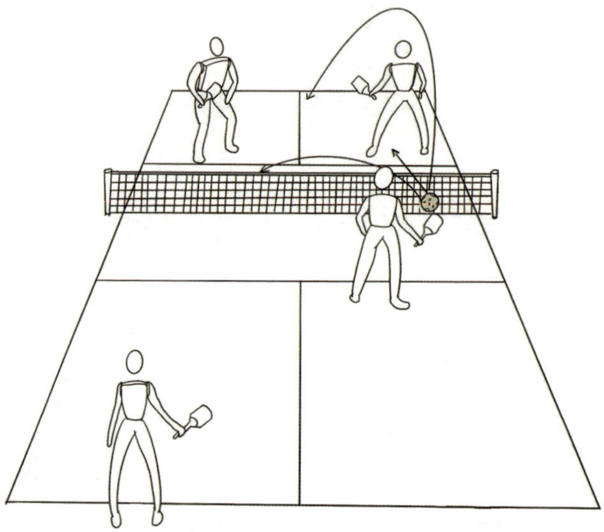

图3–31　对手都在非截击区，球在非截击区

1．如果球足够高，将球击回任一对手的脚下。

2．当对手回击的球有点高或太长，可以进行意想不到的快速、猛烈的击球。前提是队友能够知道自己的意图，能够尽快跑到非截击线附近，否则这样的击球可能会很危险。

3．将球吊过对方的头顶，使其越过中央球场，落在底线深区，希望可能会出现一些混乱。同样，吊高球的目标是让对手远离非截击区，高球会让自己的队友有时间上到网前，但也有落空的趋势，允许对手扣球回击，或长传球，最终出界。

如果击球计划能顺利进行，那么自己的队友应立即开始向上移动，以便在对手击球之前在非截击区获得良好的场地位置。如果击球没有达到自己的要求，请准备好后退（队友应该留在原地）以获得回击。

（七）位置7

对手一个在非截击区，另一个在底线，接发球队球员都在非截击区，如图3-32所示。

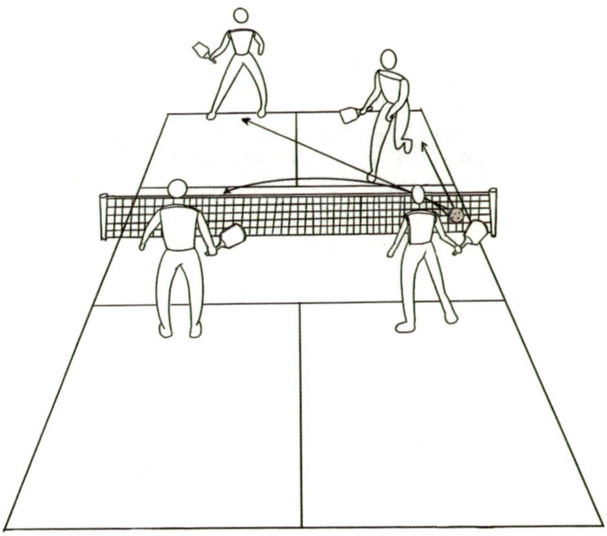

图3-32　对手一个在非截击区，另一个在底线

1．如果传来的球足够高，将球击回靠近对方脚的位置。

2．如果球不够高而无法扣球，则重击远方对手的脚。

3．将球打到远处对手面前的空位，希望对手移动不到位可能无法及时击到球。

（八）位置8

对手都在底线，接发球队球员都在非截击区，如图3–33所示。

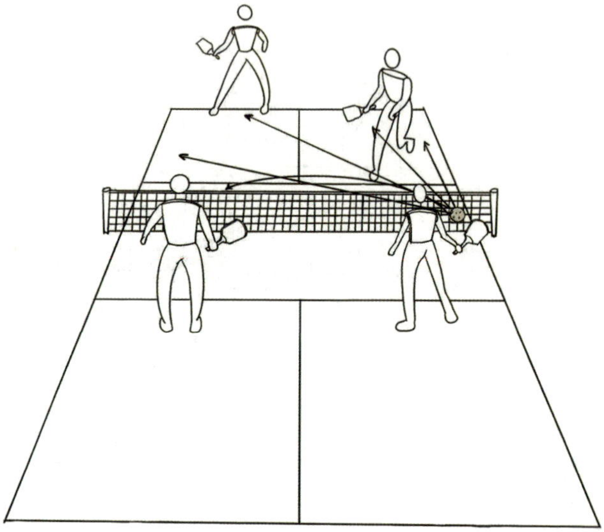

图3–33　对手都在底线

1. 如果传来的球足够高，则将其击回球场上的空旷区域（尝试击球让对手无法回球）或击中任一对手的脚。如果球不高，朝相同方向击球。当自己处于网前而对手仍在后场时，这时有很多击球角度和空间可以选择。

2. 跨场击球，让对手无法以足够快的速度上网。当对方的球越过球网还没落下时，可以凌空吊球打出一个角度球。如果让球先弹起来，那么对手就会有更多的时间上网，吊球就不会那么出人意料了。吊球的缺点是将对手带到了非截击区。

(九) 位置9

所有球员都在非截击区，如图3–34所示。

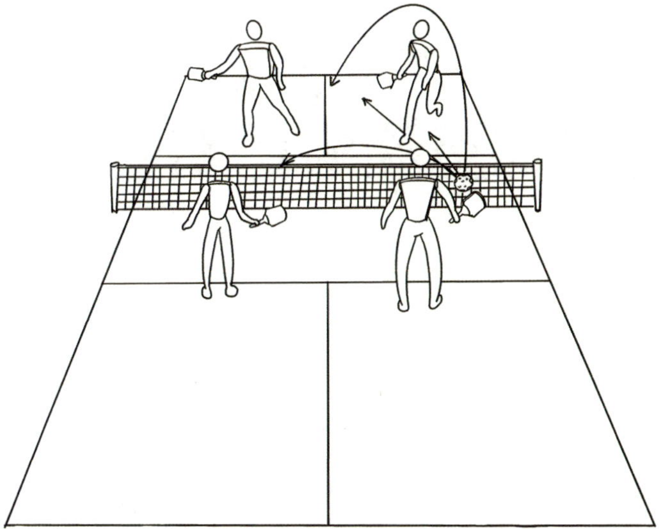

图3–34　所有球员都在非截击区

1．当对手已经上到网前，如果球不够高而不能扣球，此时应以一个丁克球回击，最好能够回一个角度，让对方在移动中接丁克球，这样可以创造一个弱的回击。

2．如果回球位置足够高，则将球击回任一对手的脚下。如果球不高，则将球击向正对面的对手。

3．将球吊过对方的头顶，使其越过中央球场，落在底线深区，希望可能会出现一些混乱。同样地，吊高球的目的是让对手远离非截击区，但是高球有可能会落空，让对手扣球回击，或者长传，最终出界。

第四章 匹克球运动身体素质训练

身体素质是运动员在运动中表现出来的某种运动能力，是身体各器官、系统机能的综合表现，它对提高运动能力、延长运动寿命、防止和减少运动损伤有着重要的作用。匹克球比赛是由多个短时间的剧烈运动和休息组成的运动，因此它是一项有“间歇”的体育运动。要想打好比赛，需要速度，即反应速度和全场移动速度；力量，即爆发力和击球力量，能从底线打出爆发力强且落点深的底线球；耐力，即长时间进行比赛和疲劳恢复能力；柔韧性，即协调地运用肌肉和关节，以降低损伤的可能性，并能有准备地对各种不同高度、不同落点的球进行回击。因此，身体素质是匹克球运动员学习和掌握技战术的基础，它对提高运动成绩有着至关重要的作用。身体素质可分为力量素质、速度素质、耐力素质、灵敏素质、柔韧素质。

第一节 力量素质训练

力量素质是机体对抗内外阻力的能力，是所有身体素质的基础，匹克球运动员的力量特点是以爆发力为主的一种非周期性的肌肉活动。力量素质能使运动员的各部分肌肉力量和球拍击球的技术合为一体，在球拍与球接触的一刹那，把力量全部转换成使球向前飞进的能量。击球力量来源于腿部的蹬地、转腰并从肩传到臂，最后到达手、球拍。无论是底线抽球、截击，还是挑高球、头顶杀球，都需要全身协调用力。

一、提高力量素质的方法

匹克球技术中有一些技术为爆发性力量动作，只有具备较强的肌肉力量才能完成抽球和高压球等动作。下面介绍徒手练习、杠铃练习、哑铃练习的方法。

（一）徒手练习方法

1. 俯卧撑练习：两手掌的位置靠近腹部，身体保持在一个平面，支撑快起、慢落，身体不要塌腰，发展上肢力量。

2. 立卧撑练习：做立卧撑时，身体不要接触地面，撑起的同时收腹站立，其他与俯卧撑要求相同。

3. 仰卧起坐接转体：仰卧，双手抱头，上体迅速前屈，右肘触左大腿、左肘触右大腿各一次。发展腹肌和腹外斜肌力量，有助于击球动作的转体用力。

4. 仰卧两头起：两手尽量触到两脚背，发展腹肌和腹外斜肌力量。

5．俯卧两头起：俯卧垫上，两臂前伸，两腿并拢伸直，两臂和两腿同时向上抬起，腹着垫成背弓，发展腰背力量。

6．拉橡皮筋训练：借助橡皮筋或拉力器对正反手挥拍动作进行模仿，从而提高击球时身体及手臂的力量。

7．单腿蹲起：一腿支撑，另一腿平举，下蹲，起立。初做时可扶支撑物，主要发展大腿前部肌肉。

8．各种跳的练习：单足跳、跨步跳、立定跳、蛙跳、纵跳、弓箭步换腿跳、立定三级跳。

（二）杠铃练习方法

1．抓举挺举：可以比较全面地发展全身各部分力量，提高全身协调用力的爆发力。练习时注意由轻到重，腰部收紧，防止伤害事故发生。

2．推举：发展肩、臂力量。

3．卧推：与俯卧撑发展的肌肉相同，负荷可以比俯卧撑大。

4．负重转体：身体直立，颈后负杠铃，两足固定，先向左转体再向后转体至极限。主要增强腹内斜肌及骶棘肌力量。

5．负重深蹲：颈后负杠铃，挺胸收腹，下蹲慢些，蹲起时挺胸抬头，腰部保持收紧。发展大腿及臀部肌肉。

6．负重分腿跳：身体直立，颈后负杠铃，连续快速的前后分腿跳。主要发展下肢尤其是小腿及屈足肌群力量。

7．负重提踵：身体直立，颈后负杠铃，前脚掌站于低台阶上，脚后跟尽量下压后快速向上提踵。主要增强屈足肌群力量。

（三）哑铃练习方法

1．颈后臂屈伸：身体直立，两手握哑铃，上臂固定在头侧，然后做屈伸动作。主要发展肱三头肌和旋前圆肌。

2．仰卧头后拉：仰卧在凳子上，两足固定，两臂伸直，然后将哑铃从头后向上拉起。有助于发球和高压球时的挥拍用力。

3．臂环绕：两臂同时向内或向外做屈伸环绕。发展前臂肌肉。

4．直臂上举：两臂笔直前上举或侧上举。发展手臂力量。

5．仰卧侧上举：仰卧长凳上，两臂于两侧同时上举，上举时肘可微屈。发展胸部肌肉，有助于正手击球、发球和高压球的挥拍用力。

6．体前屈侧上举：两腿开立，上体前俯，两臂同时上举，发展肩后肌肉和肱三头肌，有助于反手击球的挥拍用力。

二、匹克球力量训练的注意事项

1．力量训练计划要与场上技术训练计划结合在一起，根据实际情况可以及时调整。

2．训练一天，休息一天，或交替进行上肢和下肢的力量训练。

3．杠铃的训练量是由轻到重，循序渐进。

4．在进行大强度的力量和爆发力训练前，应提高肌肉耐力水平。

5．处于青春发育期的青少年运动员只能用自身的体重进行力量训练。

6．对于青年运动员来说，力量训练应提高他们的背肌力量，因为他们的背肌力量较弱。

7．如果一名运动员某一专项较弱，应安排对有关的肌肉进行专项杠铃练习。

8．在训练杠铃过程中，要注意呼气和吸气的时机，举起杠铃过程中应呼气，放下杠铃时应吸气。

9．在做力量训练时，应首先训练大肌群（如背肌、腿肌、胸肌），然后训练小肌群（臂肌）。

10．对匹克球运动员来说，杠铃训练的重点应放在腿部、腹股沟、背部、上体、腹部、肩部、小臂。

第二节　速度素质训练

在匹克球比赛中，运动员根据技战术需要不断快速地调整自己的步伐，才能保证每一次击球及时到位以及有效地回击各种来球。可以说，各种技战术的实施和运用以及击球都需要快速跑动这一重要条件。速度的快慢是影响击球效果的重要因素。反应速度、启动速度、移动速度、挥拍速度、击球动作间的连接速度等是匹克球运动中所必需的速度，也是运动员取得好成绩应具备的条件。因此，提高速度素质是非常重要的。

一、提高速度素质的方法

1．左右并步移动：运动员在球场一侧中间，面对球网，左右并步移动。

2．短距离冲刺跑：30米听信号快速跑，每次练习4组，提高短距离快速跑动能力。

3．变向起跑：侧向蹲立或背向蹲立，听信号后迅速转体起跑20～30米。

4．变速跑：听信号后全速跑30米后接惯性跑40米，再接全速跑30米，绕田径场400米一圈为一组，可计时进行。

5．滑步接加速跑：侧滑步5米至标志线后变加速跑20米。

6．快速半蹲走：以最快速度做10～20米半蹲走，要求走时大小腿之间的夹角在80°～120°，可采用竞赛形式计时进行。

7．上下坡跑：蹲踞式起跑，听信号后全速沿斜坡跑道做上坡跑30米，接转身下坡跑30米，往返为一组。

8．碰线折返跑：手触底线后向前跑，手触球网后转身回跑。可定数或定时练习。

9．“十字”变方向跑：练习者站在球场中间位置，做好准备姿势，根据教练员的口令及手势指挥向前、向后、向左、向右移动，并用手触碰标志物后返回中间位置，提高运动员的反应速度和变向跑能力。

10．“Z”字形移动挥拍练习：在匹克球场内用匹克球摆成“Z”字形练习场地，练习者手持球拍快速跑向每个球点，并用快节奏的小碎步调整人和球的距离，然后做快速挥拍击球动作。

二、匹克球速度训练的注意事项

1．进行速度训练一般安排在基本部分开始时，此时运动员兴奋性高、情绪饱满、体力充沛、运动欲望强，速度训练的效果较好。

2．每次训练要以最大强度进行，并且要注意练习者每次练习的时间和间歇时间。每次练习的时间应不超过10秒，每两次之间应有避免乳酸堆积的适宜间歇时间，大致调整方法是：共1～5组，每组重复5～10次，每组动作的时间为3～10秒。每次之间的休息时间为15～30秒或完全恢复，每组动作之间的休息时间为90～150秒。训练和休息比为1：5，强度为100%。

3．在专项速度练习中，教练员必须明确专项速度的练习方法，应尽可能反映匹克球比赛的特点和形式，必须明确专项速度训练的重点在于速度。尽管练习中可能含有技术、战术等因素，但技术难度和战术要求不宜过高，必须把注意力放在提高速度上。

4．力量和柔韧性是影响快速能力的重要因素。由于快速力量的生理机制和性质与快速能力是一致的，而柔韧性的提高可增加力的作用范围和时间，使运动速度增加，所以发展快速力量和柔韧性是培养匹克球运动员快速能力的重要途径。

5．重视运动员肌肉在收缩前的放松，这有助于拉长肌纤维、减少肌肉黏滞性、节省能源物质，从而有利于提高速度。

6．发展反应速度应抓好少年儿童9～12岁时期的训练。男7～14岁、女7～12岁时应抓好位移速度训练。注意纠正错误动作，形成正确的技术动作。

第三节 耐力素质训练

耐力素质是指机体在长时间工作中克服疲劳的能力。疲劳是一种生理现象，机体经过长时间的训练，必然会产生疲劳，使机体的工作能力下降，限制了运动的时间和运动员水平的发挥，因此疲劳又是训练的障碍，必须克服。人体克服疲劳的能力也反映了机体的耐力素质水平。由于匹克球比赛持续的时间比较长，特别是在发球得分制中，如果实力水平相当，球的回合数可以达到三四十拍，运动员就必须具备非常好的耐力才能在很大程度上保证比赛最终的胜利。

一、提高耐力素质的练习方法

（一）跑的练习

1．长距离跑：长距离跑30分钟以上，根据个人能力每周安排1～3次。

2．变速跑：即高低强度的混合练习，以100米快跑和100米慢跑交替进行，可跑400米以上。

3．组合练习：练习者在练习过程中可进行冲刺跑30米、侧步交叉跑30米、高抬腿跑30米、跳起摸高10次、变向跑30米、蛙跳15米等。

4．听口令快速冲刺、后退跑：运动员在底线附近，根据教练员口令开始训练，具体为从底线冲到网前，再从网前快速后退到底线的训练。

（二）跳的练习

1．跳绳：跳绳练习对于加快动作和提高耐力非常有利。在练习过程中尽量长时间把重心放在前脚掌上，这与匹克球步法十分相似。花样跳绳中的前后（左右）跨跳、高抬腿跳、交叉开合跳、双摇跳、单足（交换）跳、蹲跳、交叉跳等都是非常好的跳的练习方法。

2．连续跨步跳：在跑道上做连续向前跨步跳，每组30次。

3．左右跨步跳：两脚开立，左腿蹬地，右腿向右跨步，然后右腿蹬地，左腿向左跨步，依次连续进行，每组两腿各跨30次。

4．连续跳高台：在楼梯或看台上做双脚连续跳上高台的练习。跳楼梯时每组次数可以达到40次，跳看台每组次数20次左右。

（三）组合技术练习

1．底线左右移动击球练习：练习者在球场底线处进行连续的抽击球练习，30 ~ 50个球为一组。

2．前后移动截击球和高压球练习：练习者在球场上前后移动连续进行截击球和高压球交替练习，20 ~ 40个球为一组。

3．左右移动击短球练习：练习者在球场上左右移动连续进行击短球练习，20 ~ 40个球为一组。

4．左右移动截击球练习：练习者在球场上左右移动连续进行截击球练习，20 ~ 40个球为一组。

二、匹克球耐力素质训练的注意事项

1．耐力训练一般应放在课的基本部分末尾或作为基本部分进行。

2．耐力训练比较艰苦、枯燥，因此在训练中应注意运动员的意志品质的培养，采取多样化的训练手段和方法，以提高队员的兴趣。

3．耐力跑训练中要注意呼吸问题，呼吸的作用在于摄取增强耐力所必要的氧气，培养呼吸能力对耐力训练十分重要。

4．耐力训练时应注意训练的时间和强度。对青年来说，在增强耐力素质时，应使心率达到150 ~ 170次/分的负荷强度，时间5分钟以上；对于中青年来说，训练5 ~ 10分钟，心率为120次/分以上，而以150次/分左右较为合适。

5．耐力训练的负荷应遵循循序渐进和区别对待的原则。应注意发展高强度速度耐力，训练时尽可能超强度、超负荷，训练后能达到超量恢复。

6. 耐力训练要坚持，应结合队员的个人身体素质和匹克球专项中的薄弱技术去针对性安排训练，每周安排1～2次大强度的训练才能收到良好的效果。

7. 对儿童和青少年的耐力训练必须根据他们的承受能力采用游戏和竞赛的方法，同时要有医务人员监督。另外，应抓好耐力敏感期的训练。

第四节 灵敏素质训练

灵敏素质是指迅速改变体位、转换动作和随机应变的能力。匹克球运动员的灵敏素质是运动技能和各种素质在运动过程中的综合表现。它要求运动员在极短的时间里发挥良好的判断能力，同时还能够在完成动作过程中准确、协调地处理好自己身体各部位与球的关系。在匹克球项目中，灵敏素质的优劣几乎决定着技术水平的高低；尤其是网前截击的过程中，在网前要根据对方的来球迅速判断出球速、旋转、力量、角度，才能做出有效的截击。因此，灵敏素质对技战术的发挥起着非常重要的作用。

一、提高灵敏素质的练习方法

(一) 发展髋关节灵活性的练习方法

1. 起跳转动训练：练习者两脚开立，起跳后髋部转动带动身体分别做90°、180°、360°转动。

2. 单脚移动训练：以练习者的左脚为轴，右脚向前、向后移动；以右脚为轴，左脚向前、向后移动。

3. 迈步转髋训练：练习者的髋部向左转动，右腿高抬向左前方迈出，右脚落地时，髋部向右转，抬起左腿向右前方迈出。

4. 交叉步移动跑训练：练习者两脚前后交替朝左右方向交叉步跑。

（二）发展小腿和踝关节灵活性的练习方法

1. 快速前后左右提踵跳训练：用最快的速度做15秒左右的前后左右提踵跳训练。

2. 原地两脚交替快速跑训练：用最快的速度做10～20秒两脚交替快速跑训练。

3. 各种形式的移动训练：练习者并步左右移动；跨步左右和向前移动；交叉步左右和向前移动。

（三）发展手指和腕关节灵活性的练习方法

1. 快速挥动小竹棍做鞭打动作训练，匹克球技术中的高压球技术涉及鞭打动作。

2. 拍起地上的篮球：练习者分别用左手或右手拍起地上的篮球。

二、匹克球灵敏素质训练的注意事项

1. 灵敏性的练习不宜在身体疲劳状态下进行，否则会影响训练效果。一般安排在课的基本部分开始阶段进行，且重复练习次数不宜过多。

2. 由于灵敏素质是多种素质的综合表现，尤其与速度、力量素质关系密切，安排训练内容时应与其他素质结合进行，但练习的要求一定要明确。

3．灵敏素质的练习要着重提高脚步和腰胯的灵活性。训练计划中可增加针对移动和旋转能力的难度，反复多次地进行练习，以提高控制身体的能力。

4．灵敏练习应注意动作多样化，尽可能结合比赛中各种动作的灵敏特点去设计训练计划，这些动作应该是接近实战情况的短距离的突然起动。

第五节 柔韧素质训练

柔韧素质是指人体关节活动幅度以及关节韧带、肌腱、肌肉、皮肤和其他组织的弹性和伸展能力，即关节和关节系统的活动范围。匹克球运动员要想做出协调、优美的动作，就必须具有良好的柔韧素质。此外，良好的柔韧素质还能防止和减少运动员伤害事故的发生，延长运动寿命。因此，柔韧素质的好坏会对匹克球运动员技术的掌握和发挥起到非常重要的影响。

一、提高柔韧素质的练习方法

（一）上肢柔韧素质的练习方法

1．上臂屈伸、内外收展、内外旋、前后绕环：练习者做上臂屈伸、内外收展、内外旋、前后绕环的训练。为了强化训练效果，可以反复多次训练。

2．前臂屈伸、内外收展、内外旋、前后绕环：练习者做前臂屈伸、内外收展、内外旋、前后绕环的训练。为了强化训练效果，可以反复多次训练。

3. 手腕部屈伸，内外收展，顺时针、逆时针转动：练习者做手腕部屈伸，内外收展，顺时针、逆时针转动训练。

4. 肋木压肩、拉肩训练：练习者可采用站、坐、仰卧等不同姿势，具体的方法为面对或侧对肋木架，单手或双手握肋木，做压肩或拉肩的训练。

（二）下肢柔韧素质的练习方法

1. 摆腿训练：手扶固定物，左右腿轮换，做前后、左右的摆腿训练。

2. 劈叉训练：在进行劈叉柔韧素质训练时，要做到循序渐进，并且做好保护工作，避免损伤。

3. 压腿训练：坐在垫子上，两脚分开，身体向前、后、左、右压腿。

4. 跪姿压髋：两腿屈膝左右分开跪在垫子上，臀部下坐压髋。

（三）腰部柔韧素质的练习方法

1. 俯卧后仰训练：练习者可以俯卧于垫上，下肢由同伴压住，上身尽可能后仰。

2. 仰卧起坐训练：在“腰腹屈伸器”上训练。为了强化训练效果，可以反复多次训练。

3. 俯起训练：在“腰腹屈伸器”上训练。为了强化训练效果，可以反复多次训练。

二、匹克球柔韧素质训练的注意事项

1. 柔韧练习一般安排在训练课的准备活动中进行，练习之前要做好一般的准备活动。身体疲劳或练习部位有伤时不宜进行柔韧训练。

2. 柔韧训练练习时动作幅度由小到大，节奏由慢到快。训练后做好放松练习。

3. 柔韧练习尽可能与比赛中对柔韧素质要求较高的技术动作结合进行。

4. 柔韧训练应循序渐进，应先易后难、逐渐增加牵拉的难度，方法要柔和，用力要缓慢，切忌快速用力。

5. 柔韧训练应遵循与力量相结合的原则，单纯的力量性训练会降低柔韧素质，而单纯的柔韧素质训练又会影响关节的稳固性。只有处理好柔韧与力量的关系，才能取得事半功倍的效果。

处理好柔韧与力量的关系。强调肌肉的弹性，避免单纯消极的被动拉长，应使肌肉柔而不软、韧而不值，保持肌肉的收缩力量。

6. 与其他素质相比，柔韧素质容易发展、容易见效，但消退也快，因此，应坚持长期和阶段性训练。

第五章
匹克球运动员心理素质训练

心理素质训练是一种有意识、有目的地改善、提高和完善专项运动员必须具备的各种心理素质、心理品质和个性心理特征的全面而系统的教育过程。心理训练和身体素质、技术、战术训练构成了匹克球运动训练的基本内容。在匹克球比赛中，心理因素对比赛的结果会产生很大的影响，尤其是双方的水平比较接近时，心理因素的作用就显得至关重要。因此，匹克球运动员应具备良好的认知能力以及自信心、进取心、意志力等心理品质，还应具有适应比赛变化、克服困难条件的心理适应能力以及情绪的稳定性和心理状况的自我调节能力，这样才能在比赛中取得好成绩。运动员良好的心理素质不是一朝一夕能形成的，必须要经过长期的、有计划的心理训练才能获得。

第一节 匹克球运动员心理概述

匹克球运动使“人”与“球拍”和“球”之间产生联系。匹克球场上双方运动员进行的不仅是身体机能和技术技能的对抗，还有很大一部分是心理上的交锋。匹克球运动员在赛场上需要有稳定的心理和坚定的意志，因为运动员在比赛中经历的不仅是努力战胜对手的过程，同时也是自我心理调控的过程，想战胜对手不容易，但战胜自我则更难。心理素质的提高与比赛结果不一定有必然性，但一定具有关联性。在匹克球比赛中运动员调控好自我的心理状态，能够充分发挥自己应有的实力和水平，甚至可以超水平发挥。在匹克球运动中，“匹克球”是人思维意图和主观意识的体现，需要匹克球运动员具备相应的智慧。匹克球运动以人为主体，以心智为核心能力的要求在未来高水平的赛事中将越来越重要。在这样的比赛中要想获胜，就必须具备良好的赛前竞技状态。

赛前竞技状态是指运动员在比赛前产生的准备战斗的心理状态。对于训练水平高、比赛经验丰富的运动员，他们对即将面临的比赛有着清醒的认识，不会过多考虑比赛结果。他们会注重赛时如何发挥技战术水平，以充沛的精力、旺盛的斗志迎接比赛。运动员的大脑皮层处于与比赛相适应的神经兴奋过程，并显示出良好的心理反应，其感知觉灵敏，注意力集中，思维清晰，反应敏捷，情绪高涨且稳定。

匹克球运动中，运动员的心理活动特点是“调整”和“控制”，这其中分为运动员对自身心理的调整与控制，包括运动员在训练比赛中所处状态，逆境、顺境、得势、失势、决胜等不同的状态变化；以及对外部环境的调整与控制，在匹克球运动过程中，运动员往往会因为场地、器材、装备、观众、裁判等因素，出现一些不良的心理反应，引起情绪思绪的波动，进一步影响竞技水平的发挥；同时还会涉及影响对方运动员的心理活动，包括利用气势、激怒、消极、战术、策略等不同因素影响对手的心理活动。匹克球运动员提高竞技比赛中心理调控能力，能增强运动员的意志品质，使运动员的性格更健全成熟，同时也能确保运动员技战术水平的稳定发挥，甚至超水平发挥。

第二节 匹克球运动员心理素质训练方法

在匹克球运动员的培养过程中，除了技术训练、战术训练和身体素质训练之外，加强匹克球运动员的心理素质训练是培养优秀匹克球运动员的必经之路。匹克球比赛是靠运动员的头脑取胜的，在一场比赛中，如果没有打赢心理战，会使自己在比赛中处于被动局面。反之，如果心理素质好，则可能超常发挥，把握场上的主动权。匹克球运动员的心理素质训练包括心理品质的训练、完善运动员技战术水平的心理训练、准备正式比赛的心理训练。

一、完善心理品质的训练方法

（一）集中注意力训练

由于每个匹克球运动员集中注意力方面存在着一定的差异性，这就要求教练员有针对性地进行训练。经常进行有目的性的集中注意力训练，可使运动员注意力集中能力得到提高。具体来说，可通过以下几种方法达到有效训练和提升注意力集中能力的目的。

1．视物法。

击球时，练习者的眼睛要观察对手和球。眼神跟随球的变化而运动，用眼睛去观察球的规律和对手的状态。用眼睛看球来回的全过程，即对方击球和自己击球的过程。观察对手动作规律、击球的动作、击球拍面、回球方向、习惯动作，认真分析和总结。

2．看表法。

看表法就是注视手表秒针的移动次数。每天白天和晚上临睡前各练一次，每次练习重复3～4遍，间隔10～15秒。通常情况下，运动员如果能连续注视秒针移动5分钟时，则说明运动员的注意力集中能力已经处于较高水平。

3．发令法。

用较弱的特定信号对运动员的行动进行指挥，注意练习时间要稍微短一些。

4．数数法。

倒数数，从200开始，每隔三个数数一个，在身体状态良好时练习为好。

（二）意志品质训练

1．克服困难。

困难分为客观困难和主观困难两种。客观困难包括风向、场地、灯光、伤病以及比赛中可能出现的裁判误判等。主观困难主要是指运动员对训练和比赛的消极态度。可以通过自我暗示以及教育引导的方式进行克服。教练员在平时训练中要根据运动员的心理素质水平和技术水平有意识地设置困难，培养运动员克服困难的信心和勇气。

2. 自我调节和控制能力。

运动员必须具备良好的自制力，在比赛中情绪稳定，才能发挥出正常水平。因此在训练中，就要注意培养自己这方面的能力。多用自我鼓励、自我暗示、自我放松的方法控制自己的情绪，形成良好的情绪兴奋状态。

二、完善匹克球运动员技战术的心理训练方法

（一）意念训练

平时在进行匹克球练习或比赛之前，可以对完成动作的要领和战术要点进行想象，从而能够更加熟练地运用技战术；同时结合教练员平时对自己的评价，能够通过语言提示来纠正自己的不足，有效地控制自己的情绪。

（二）生物反馈训练

借助现代化的仪器，把运动员机体的生理信号传递给运动员，使运动员反复练习，学会调节自己生理、心理机能的方法。

三、准备正式比赛的心理训练方法

通过这一训练，能够使运动员学会在短时间内自我调整的方法。控制比赛时情绪的波动，形成最佳赛前竞技状态。

（一）比赛前心理训练的内容

模拟正式比赛的训练：在训练过程中创造一些与竞赛相似的条件对运动员进行训练。

1. 模拟不同的打法，提高运动员对各种技术类型选手的适应能力。

2. 模拟实际的比赛环境，提高运动员的临场适应能力。

3. 人为设置比赛局势和条件，包括改变比分、赛制、裁判因素等，锻炼运动员的应变能力。

（二）比赛过程中心理训练的内容

1. 直接心理训练：利用自我暗示等方法，调节自己的情绪，纠正技战术方面的不足。

2. 自我暗示和放松训练。

第三节 匹克球运动员心理素质调整方法

一、匹克球赛前的心理准备

（一）思想放松，克服赛前紧张的情绪

优秀的运动员一般在上场之前都会调整好自己的比赛状态，适当的紧张可以促进上进心，但紧张过度则会导致动作僵硬，影响击球效果。在进行比赛之前要充分地活动开身体，做好准备活动，这样才能够有效地放松身体和心情，还能够将肌肉有效地动员起来。另外，在比赛前，不要想着比赛结果的输赢，运动员可以通过较为轻松的谈话和娱乐等形式来消除赛前紧张的情绪，为上场时保持饱满的情绪和精神状态做好充分的准备。

（二）观察对手

在匹克球比赛之前，运动员会有一定的时间来做专项准备活动，通常这时候是观察对手优点和弱点的好机会。在这短暂的时间里，虽然不能深入了解对手打法，但能够辨别出对比赛有用的情

况。比如观察对手的优势是正手还是反手，失误球较多的是什么类型的技术，以及一些其他存在的弱势，并且做好充分的应对准备。

二、匹克球赛中的心理调节

在一些关键的比赛中，运动员经常会出现以下几种比赛状态。

1．领先时：领先时容易放松或急于求成，想得太多，造成思想上的轻敌和行动上的急躁，要赢的心理反而令自己束手束脚不敢打。

2．落后时：落后时出现缺乏自信，对自己的技战术表示怀疑的情况，情绪的波动，必然带来技战术的失误。

3．相持时：缺少耐心，想赢，急躁，一旦失误容易崩溃。

4．关键时刻：容易手软，不敢进攻，保守防守，缺少拼搏精神。

运动员在比赛过程中一般会遇到以上这四种情况，如果没有及时调整，这些现象经常会直接影响比赛结果。那么在匹克球比赛过程中，就要保持理想的心理状态，这对于技战术的发挥是有利的，具体可以从以下几个方面入手。

（一）进行自我暗示

自我暗示是运用自我肯定和有影响力的内部语言来调节自己的需要、动机和目的，以增强自信心和稳定情绪，预防和治疗自己的不良心理。如果在比赛中处于不利地位或进入关键球时，可以运用肯定的语言进行自我暗示，比如“我能行”“拿下他”等。

（二）保持情绪稳定

匹克球赛场上的每一位运动员都会表现出不同的心理个性特

征。有的运动员比较激动，有的运动员则比较沉稳。比赛中影响运动员心理变化的有内在因素和外在因素。内在因素有运动员求胜心切、紧张、害怕等情绪。外在因素有比分的变化、观众的喧哗、裁判的误判、环境因素，以及对手的行为等。所有这些都是影响运动员情绪稳定的因素，这就要求运动员要及时地调整心态。因此，在任何比赛中，运动员都要保持稳定情绪，这是优秀运动员必须具备的基本能力。

（三）控制注意力

集中注意力是竞技比赛中所需要的最重要的心理技能，运动员在比赛中经常会受到来自内部和外部各种因素的干扰。同时，在比赛中还必须做出快速、准确的判断，在这种复杂的情况下，运动员应该排除各种干扰因素，将注意力集中在现有的每一分上，不要纠结于上一球的好坏。因此，在任何比赛中，保持高度的注意力才能将技战术发挥得更好。

（四）加强意志品质

意志是人为了达到预定的目的，并且按目的支配、调节、自控自己的行动，并在行动时自觉克服困难，实现预定目的的心理过程。在高强度的匹克球比赛中，运动员在比赛中付出了极大的体力和脑力劳动，又要面临着其他因素的影响，这就要求运动员必须具备主动、坚忍、果断、顽强、勇敢、拼搏的意志品质。

三、匹克球赛后的心理调节

一场比赛下来，无论输赢，运动员都会产生一定的心理变化。有的运动员经不起胜利的考验，骄傲自满，目中无人，对自己的优

缺点认识不足，轻视对手。有的运动员因比赛失败造成心理上的创伤，从此一蹶不振。因此，教练员要对比赛进行全面分析，使运动员能够认清自己的优缺点，学会自我调整，增强运动员在遇到困难时的心理承受能力。在平时的训练中教练员要针对不同心理状态的运动员对他们进行心理调整。对于胜利者，要指出他们的缺点和不足，使他们客观地评价自己，继续刻苦训练。对于失败者，要多鼓励、多帮助，指出他们的优点，增强他们的信心，帮助分析他们失败的原因，找出克服的办法。对于心情沉重的运动员，可让他们先从事其他的活动，转移一下注意力，摆脱失败的影响。

比赛后要安排运动员进行积极性休息，采取转移注意力的方式调节精神状态，教练员有意识地安排一些有利于心情舒畅的活动，比如听音乐、游泳、郊游、疗养、文娱活动等，目的是消除疲劳和缓解紧张情绪，使身心都逐步得到调整和恢复。

第六章
匹克球竞赛规则和裁判

第一节 球场与设备

一、球场

匹克球场是一个长方形，长、宽等同于羽毛球场的双打线。单双打同线，这点跟网球、羽毛球不同。

（一）场地

匹克球场长44英尺（13.41米），宽20英尺（6.1米），无论是单打还是双打都与羽毛球球场双打尺寸相同。网的顶部中心离地34英寸（86.36厘米），柱子顶部离地36英寸（91.4厘米）。球网相距非截击线7英尺（2.13米）的区域被指定为非截击区，球员通常称之为厨房区。非截击区线被认为是非截击区的一部分，因此所有适用于非截击区的规则都适用于该线。非截击区和底线之间的15英尺（4.57米）区域被一条中线分成两个10英尺（3.05米）宽的相等矩形，这些区域被指定为偶数场（右）和奇数场（左）。

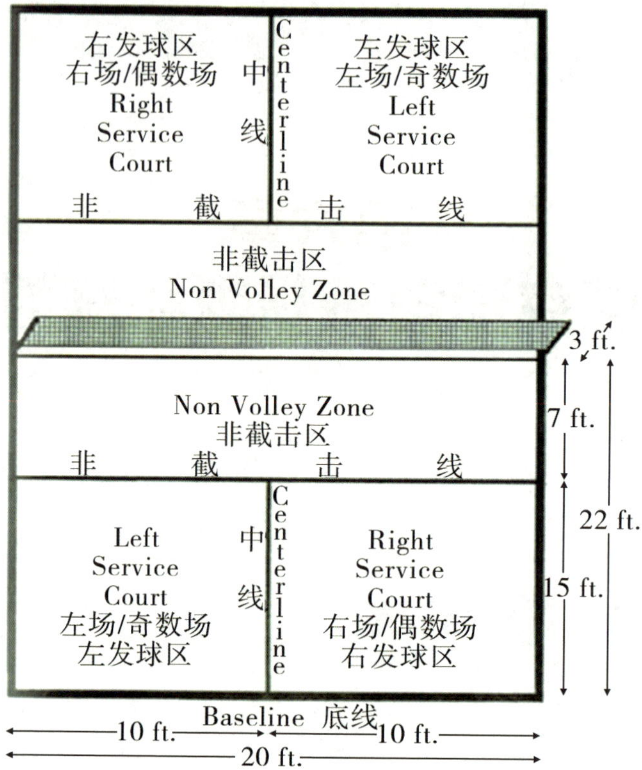

图6-1 球场尺寸

（二）场地规格

场地的规格参数如表6-1所示。

表6-1 匹克球场地参数

项目	数值
长	44英尺（13.41米）
宽	20英尺（6.1米）
球网相距非截击线	7英尺（2.13米）
线宽	2英寸（5.1厘米）
场边网高	36英寸（91.4厘米）
中心网高	34英寸（86.36厘米）

二、设备

（一）球

球由耐用的塑料制成，有着无纹理的光滑表面。球的整体统一单色（识别标志或商标除外）。所有经批准的球都可用于室内（见图6–2）或户外（见图6–3），只是26孔球常用于室内，40孔球常用于户外。球的有关参数见表6–2。

图6–2　室内球

图6–3　户外球

表6–2　匹克球有关参数

项目	数值
直径	7.29～7.54厘米
重量	22.1～22.5克
弹性	在室温18.3～23.8 ℃时，当球从198.1厘米处跌落到花岗岩平面时，应反弹76.2～86.4厘米
硬度	在室温18.3～23.8 ℃时，具有40～50 D级硬度
室内常用球	26孔
户外常用球	40孔

（二）球拍

最初匹克球拍的唯一选择是木板球拍，现在则有很多选择。木板球拍仍然存在，但是，大多数球员更喜欢使用重量更轻的球拍，它们大多由复合材料、石墨、铝等新型材料制成，其中由玻璃纤维或乙烯基制成的球拍重量为6到12盎（170～340克）。球拍包含拍边和柄盖长宽总和不大于60.96厘米，拍的长度不大于43.28厘米。

图6–4　球拍

赛前简报的时候，裁判员检查球拍：击球表面不得有孔、凹糟、粗糙的纹理、胶垫或者一些增加反弹特性、有利于打出额外旋转的物质；不能是自制的、反光的、无图案的、未经批准的。

（三）球网

球网及其相关要素的要求如下：

1．材料：球网必须使用球无法穿过的任意网状材料制成。

2．网柱：两根网柱内侧之间的距离应为22英尺（6.71米）。网柱的最大直径应为3英寸（7.62厘米）。

3．尺寸：网柱之间的球网长度必须至少达到21英尺9英寸（6.63米）。从球网底部边缘到球网顶部的高度至少应为30英寸（76.2厘米）。

4．上沿：球网的上沿应用宽2英寸（5.1厘米）的白色胶带对折成夹层，并用绳索或钢丝穿过。夹层上沿必须紧贴绳索或钢丝。

5．高度：球网顶端在边线上的高度必须为36英寸（91.4厘米），在球场中心的高度必须为34英寸（86.36厘米）。

6．中心带：建议配置中心带，并且必须安装在球网的中央，以便调整到所需的高度。

第二节 匹克球运动简明规则

一、比赛的计分

1．一场比赛的计分：一场比赛应以三局两胜制定胜负。

2．一局比赛的计分：一局比赛可选择“发球得分制”或“直接得分制”。“发球得分制”是指只有发球并在该回合获胜才得1分，按照比赛惯例，制胜分为11分，且需至少领先2分才赢得这一局比赛。“直接得分制”是指在该回合获胜的一方得1分，先得21分的一方胜一局。如果比分是20平，则领先2分的一方胜该局。如果比分是24平，则先到25分的一方胜该局。

二、场地和发球的选择

在准备活动开始前，通过掷币的方式决定获得挑选场地和比赛的第一局谁作为发球员和接发球员的权利。掷币获胜的运动员/队可以进行以下方式的选择。

1．在比赛的第一局中选择发球员或接发球员。在这种情况下，对手应选择在比赛的第一局所处哪一边的场地。

2. 选择在比赛的第一局所处哪一边的场地。在这种情况下，对手应选择在比赛的第一局作为发球员或接发球员。

3. 要求对手对以上两种方法做出任何一种的选择。

三、交换场地

（一）发球得分制的比赛

1. 11分的比赛。一场单局11分的比赛或每局11分的多局比赛中的第三局比赛，当一方分数首先达到6分时，双方应交换比赛场地。

2. 15分的比赛。一场单局15分的比赛，当一方分数首先达到8分时，双方应交换比赛场地。

3. 21分的比赛。一场单局21分的比赛，当一方分数首先达到11分时，双方应交换比赛场地。

（二）直接得分制的比赛

21分的比赛。一场每局21分的多局比赛中的第三局比赛，当一方分数首先达到11分时，双方应交换比赛场地。

四、发球员的位置和发球顺序

（一）单打（发球得分制）

发球员的正确位置由比分决定。对方应在发球方对角线的位置接发球。

1. 发球员的位置。当得分为偶数时（0、2、4等），发球员必须在右发球区域里发球；当得分为奇数时（1、3、5等），发球员必须在左发球区域里发球。发球员从错误的发球区域发球属于违例。

2．保持发球权。运动员连续发球，在每得一分后交替转换发球区域，直到运动员输掉一个回合。

3．换发球。发球方输掉一个回合后执行换发球。

（二）双打（发球得分制）

正确的发球员和正确的接发球员以及他们的位置，由最近一次换发球后双方的得分和运动员在该局比赛的起始位置决定。

1．起始发球员。

在一局比赛开始时，发球方只有起始发球员作为第二发球员发球，直到失去发球权。起始比分为0–0–2（0比0，第2发球）时，起始发球员必须在右侧发球区域发球，同时该发球员佩戴起始发球员的标识手环。

2．正确的发球员和位置。

换发球后，当发球方的得分是偶数时，起始发球员是正确的第一发球员，从右发球区域开始发球，并在每得一分后交替转换发球区域，直到输掉一个回合。换发球后，当发球方的得分为奇数时，起始发球员的同伴是正确的第一发球员，并遵循同样的程序，从右发球区域开始发球。发球员从错误的发球区或由没有发球权的运动员发球都属于发球违例。

3．第二发球。

当第一发球员失去发球权时，发球权传递给正确的第一发球员的同伴。

4．正确的接发球员和位置。

当接发球方得分为偶数时，组合中的起始发球员必须在右发球区接发球，其同伴则必须在左发球区接发球。当接发球方得分为奇数时，起始发球员的同伴必须在右发球区接发球，而起始发球员必

须在左发球区接发球。由不正确的运动员回击发球属于违例。

5. 保持发球权。

一名运动员连续发球，在每得一分后交替转换发球区域，直到本方输掉一个回合。

6. 换发球。

当一方由第二发球员发球，并输掉一个回合后执行换发球。

7. 同伴的位置。

对于正确的发球员和正确的接发球员的同伴的位置没有任何限制，无论在场区内或场区外，只要在比赛进行时，他们在各自网的一边即可。

8. 回合中运动员的位置。

球发出后，发球方的运动员可以在任何位置继续比赛。在发球被回击后，接发球方的运动员可以在任何位置继续比赛。

9. 回合结束后发现发球员、接发球员位置错误。

在发现发球员或接发球员错误，或者发球区错误后，针对违反的运动员的违例必须在下一回合的发球被击中前宣报。

（1）回合中的得分。发球员错误或发球区错误的违例方，在被判违例的回合中所得的一分，将不被计算。

（2）之前的得分。在被判发球员错误或发球区错误违例的回合前的所有得分，将被保留。

（三）单打（直接得分制）

1. 发球员的位置。

当得分为偶数时（0、2、4等），发球员必须在右发球区域里发球；当得分为奇数时（1、3、5等），发球员必须在左发球区域里发球。发球员从错误的发球区域发球属于违例。

2．得分和发球。

（1）发球方。发球员胜一回合则得一分。随后发球员再从另一发球区域发球。

（2）接发球方。接发球员胜一回合则得一分。随后接发球员成为新发球员。

（四）双打（直接得分制）

1．发球员的位置。

（1）发球方的分数为偶数时（0、2、4等），发球员均应从右发球区域发球；发球方的分数为奇数时（1、3、5等），发球员均应从左发球区域发球。

（2）变换发球区域。发球方每得一分，原发球员则变换发球区域再发球。

2．接发球员的位置。

接发球方上一回合最后一次发球的运动员应在原发球区，其同伴的站位与其相反。

接发球员应是站在发球员斜对角发球区的运动员。

3．得分和发球。

（1）发球方胜一回合则得一分，随后发球员继续发球。

（2）接发球方胜一回合则得一分，随后接发球方成为新发球方。

4．发球顺序：首先是由起始发球员从右发球区发球；其次是起始接发球员的同伴，从左发球区发球；然后是起始发球员的同伴；接着是起始接发球员；再接着是起始发球员，依此传递。

5．起始发球员和接发球员。

一局胜方的任一运动员可在下一局先发球；一局负方的任一运

动员可在下一局先接发球。

6．发球错误。

（1）发球或接发球顺序错误属于违例。

（2）发球区错误。在错误的发球区域发球或在错误的发球区接发球属于违例。

五、发球

（一）发球动作三要素

一个合法的发球往往包含三个要素，当发球员的球拍触球时：

1．拍的移动轨迹必须是一个低手的，由低到高的弧形。

2．球拍头的最高点不可高于腕关节。

3．触球点必须不高于腰部。

裁判员发现上述三者，违反其一，立即呼叫“fault（失误）”。

（二）凌空发球

发球员必须在球落地反弹之前击球。发球动作必须符合发球三要素。

（三）弹地发球

运动员可以临时选择使用弹地发球，替代传统的凌空发球。当使用弹地发球时，发球员必须使球从手或球拍面自然下落，不得施加额外的力量。球必须在落地反弹一次或多次后被击中。对于球的反弹位置没有限制。弹地发球没有发球动作的限制。挥拍时既可以使用正手，也可以使用反手。

（四）发球脚部失误

当球拍触球时，发球员必须站在底线后、边线和中线延长线中间的区域内发球，如图6–5所示。

如果发球员的脚出现以下情况，裁判立即呼叫“fault（失误）”。

1．触碰场地，包括底线。

2．触碰边线延长线以外的击球区域。

3．触碰中线延长线以外的击球区域。

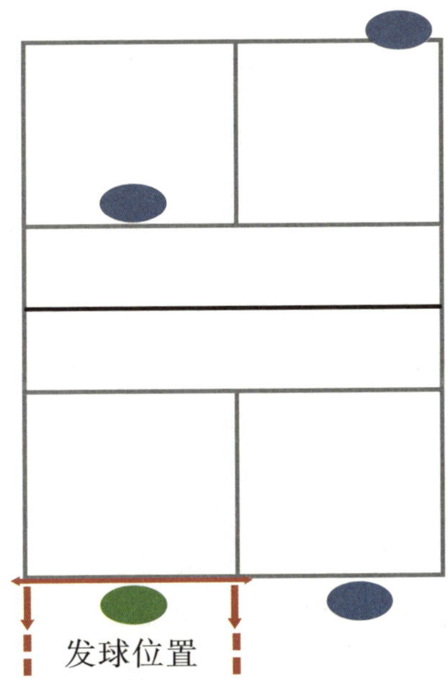

图6–5　发球位置图

（五）发球失误

发球期间，若发生下列情况之一，裁判立即呼叫“service fault（发球失误）”或“fault（失误）”。

1．不正确的发球员或不正确的发球位置。

2．着地前，发出的球触碰除球网、接发球员及其伙伴之外的任何物体。

3．发出的球触碰发球员或其伙伴，或二人穿戴、携带的物件。

4．发出的球落在发球区域外，或触网后落在发球区域外。

5．在裁判员完整报出比分之前，发球员就启动发球动作。发球动作在发球员开始将手臂向前或向后挥击，并准备去触球时即为开始。

6．发球动作不正确。

（六）10秒规则

当比分完整报出，裁判员即启动10秒定时，发球员有10秒时间来发球。

（七）准备就绪

球员使用下列信号表示“没准备好”。

1．球拍高举过头。

2．非持拍手高举过头。

3．完全转身，背向球网。

球员没使用上述信号表示准备就绪。一旦裁判呼叫比分，就要对所有的“没准备就绪”信号不予理会，除非有一个障碍出现，譬如有球或人进入场地，或劲风将球网吹倒，应立即停止比赛并在清除障碍后重新发球。

六、接发球

接发球员站在发球员的斜对面，站位应与本队积分一致，防守位置无限制。

新开始一局比赛，本队接发球时，起始发球员就是第一位接发球员，站右场/偶数场。

出现下述情况之一，裁判即呼叫“receiver fault（接发球失误）”或“fault（失误）”。

1．不正确的球员接了发球。

2．在对方发出的球弹地之前，接发球员或其伙伴接触、阻挡飞行中的球。

3．裁判报完分且发球员已启动发球动作，此时接发球员或其伙伴呼叫“time out（暂停）”。

4．裁判报完分且发球员已启动发球动作，此时接发球方询问裁判接发球员是谁或比分是多少。

七、线路呼叫

线路呼叫即球出界的呼叫。当球出界立即响亮叫出“out（出界）”。球员凭借道德规范以及互信原则执行线路呼叫。球员负责己方场地的线路呼叫，裁判负责非截击线的呼叫，以及脚步失误的呼叫。赛事安排边裁负责边线、底线呼叫。

八、两次反弹规则

球发出后，发球方和接发球方必须使球在己方弹地一次才可截击。

九、非截击区规则

非截击区顾名思义就是不可在区内截击，下列二者违反其一即属违例。

1．所有的截击必须在非截击区外启动并完成。如果已触及非截击区，截击者必须把在地面支撑身体的部位移出区外才能开始截击。

2．在截击过程中，包括球拍的挥动、击球后产生的惯性动作或冲力，不得使截击者身体的任意部位，或者与其身体接触的任何物品触及非截击区。

十、得分

（一）发球得分制

只有发球方才可得分，接发球方只是努力取回发球权。以双打为例。

1．发球方应首先由右场区的球员发球，如果在后续回合保持发球权，则原发球员变换发球区继续发球。

2．发球方任意一名运动员都可以担任起始发球员，代表本方在一局比赛中首先发球。同时，起始发球员应佩戴标识手环。每一局开始前可以变更起始发球员，但必须通知临场裁判和对方运动员，同时由新的起始发球员佩戴标识手环。

3．发球方赢取回合后，发球员变换发球区再发球。发球方得分为偶数（如0、2、4、6、8等）时，起始发球员站位应在右场区；发球方得分为奇数（如1、3、5、7、9等）时，起始发球员站位应在左场区。

4．开启一局比赛时，起始发球员只能为第二发球员，此后任何一方夺得发球权都至少有两次发球机会。

5．在一场采用每局11分、三局二胜赛制的比赛中：

（1）一局的胜方必须首先取得11分且至少领先对方2分。

（2）一局比赛中，赛至12：12之后，先得13分的一方该局比赛获胜。

（3）局与局之间双方应交换比赛场区，且允许有不超过1分钟的间歇。

（4）决胜局中，当一方先得6分时，双方交换场区。

（二）直接得分制

无论发球方或接发球方，赢取回合都可得分。以双打为例。

1．发球方任意一名运动员都可担任起始发球员，接球方任意一名运动员都可担任起始接发球员，各自佩戴标识手环。双方可以在每一局开始前变更起始发球员或者起始接发球员，但必须通知临场裁判和对方运动员。同时，标识手环改由新的起始发球员、起始接发球员佩戴。

2．发球方得分为偶数（如0、2、4、6、8等）时，应从右发球区域发球；发球方得分为奇数（如1、3、5、7、9等）时，应从左发球区域发球。

3．发球方胜一回合得一分，原发球员变换发球区再发球。

4．接发球方上一回合最后一次发球的球员应在原发球区。其同伴的站位与其相反。

5．接发球员应是站在发球员斜对角发球区的球员。

6．接发球方胜一回合得一分，随后接发球方成为新发球方。

7．每局比赛的发球权必须按如下顺序传递：由起始发球员从右发球区发球，其次是起始接发球员的同伴从左发球区发球，然后是起始发球员的同伴，接着是起始接发球员，再接着是起始发球员，依此传递。

8．球员在比赛中不应有发球、接发球顺序错误或在一局比赛中连续两次接发球。

9．一局胜方在下一局先发球。

10．在一场采用每局21分、三局二胜赛制的比赛中：

（1）一局的胜方必须首先取得21分且至少领先对方2分。

（2）一局比赛中，双方赛至20：20之后，领先对方2分的一方该局比赛获胜。

（3）一局比赛中，双方赛至24：24之后，先得25分的一方该局比赛获胜。

（4）局与局之间双方应交换比赛场区，且允许有不超过1分钟的间歇。

（5）一局比赛的获胜方在下一局首先发球。

（6）决胜局中，当一方先得11分时，双方交换场区。

十一、报分

裁判员应在回合开始前完成比分的宣报。

（一）单打

宣报时，报出双方的得分，比如3：5，应宣报“3比5”，其中第一个数字“3”，代表发球方的得分；第二个数字“5”，代表接发球方的得分。

（二）双打

1．发球得分制。宣报时，报出双方的得分及发球次序，比如4–7–2，应宣报“4比7，第2发球”，其中第一个数字“4”，代表发球方的得分；第二个数字“7”，代表接发球方的得分；紧接着是发球方在本回合的发球次序。当开始一局比赛时，应宣报“0比0，第2发球”。

2. 直接得分制。宣报方式与单打相同。

十二、暂停规则

（一）常规暂停

每次限时1分钟。

1. 发球得分制。每局11分或15分赛制时，双方每局各有1次机会；每局21分赛制时，双方每局各有2次机会。

2. 直接得分制。每局21分赛制时，双方每局各有1次机会。

（二）医疗暂停

限时15分钟。每场比赛（三局二胜为一场）每位球员只有1次机会。

十三、违例规则

1. 违反两次弹地规则。

2. 球受击后在击球方一侧挂网而无落入对方场区。注：死球和违例出现在球触地的瞬间。

3. 球在网下或在网与网柱的间隙过网。

4. 球受击后第一落点在界线以外或在击球方一侧的场区。

5. 球在击球方一侧场区弹地两次之前未被击出。

6. 违反任何发球规则。

7. 在比赛进行中，运动员的身体、服饰或球拍触碰球网系统或网柱。

8. 球发出后，触及运动员身体，或其穿戴、携带的任何物品。例外：球触及球拍或击球者持拍手的腕关节以下的部位。如果击球者正在转换持拍手且双手都在球拍上，或试图双手持拍击球时，球触及任意一只手的手腕以下部位都不属违例，比赛继续进行。

9. 一个回合中，球在形成死球之前被一个运动员阻止。例如，在触地之前抓住或阻挡一个飞行中的球。

10. 比赛进行中，球在落地反弹之前，击中任何永久物体。

11. 违反非截击区规则。

12. 弹地发球时，发球员对球额外施加力量。

13. 一旦回合开始，球在越过球网平面前被运动员击中。

14. 球发出后，运动员故意用球拍对比赛中的球实施拖带或捕获。

15. 球发出后，击球者故意多次挥拍触碰比赛中的球超过一次（连击）。

16. 运动员呼叫“干扰”或“重发球”，但经裁判员确认是无效的。

十四、死球规则

1. 任何原因致使比赛中断都会形成死球。

2. 裁判员宣报“违例”会形成死球。

3. 当裁判员或运动员呼叫“干扰”后，会形成死球。裁判员会确定运动员的“干扰”呼叫是否有效。一个有效的“干扰”呼叫会导致一次重发球。

4. 当裁判员或运动员呼叫“重发球”后，会形成死球。裁判员会确定球员的“重发球”呼叫是否有效。

5. 当比赛进行中，球落在对方场区弹地后触碰到一个固定物体会形成死球，击球方赢得此回合。

第三节 匹克球裁判方法简介

一、裁判长的职责

裁判长应由竞赛委员会推选，裁判长的名字应由竞赛委员会发布公告通知参加比赛的各单位。裁判长是竞赛委员会成员，不应是官员。裁判长必须精通匹克球规则和实施运用规则，并对其所采取的行动负完全责任。

1．整体责任。裁判长负责管理比赛，指定技术官员和他们的职责范围，并确保提供计划内的各种支持。

2．指派代表。裁判长可指定一名代表承担某些裁判长职责，但裁判长保留最终的决策权。

3．风险和异常情况的提示。比赛前，裁判长必须把所有与球场相关的特殊情况或者风险向运动员和裁判员做出提示。作为赛前指南的一部分，必须以书面形式通知运动员，并在裁判员到达赛区时通知他们。

4．属地规则和例外。裁判长不得执行或强制执行规则手册中没有规定的任何规则。根据球场的物理限制或其他属地条件所做出的特殊规定除外，但必须事先得到匹克球协会裁判委员会的批准。

5．比赛用球的选择。由裁判长选择比赛用球，但必须是正式公布的官方批准用球。

6．起始发球员的识别（双打）。裁判长将提供一种方法用于识别每局比赛中每对双打的起始发球员。

7．司线员。裁判长决定哪些比赛将使用司线员，并负责人员挑选。建议奖牌赛使用司线员。

8．更换服装。裁判长有权强制执行服装更换的规定。

9．延长比赛报到时间。有正当理由时，裁判长可以延长运动员比赛报到的时间。

10．变更比赛场地。裁判长可在比赛期间指示变更场地，以更好地适应观众要求或比赛条件。

11．主持申诉。裁判长必须解决运动员关于规则执行的申诉。裁判长的决定是最终裁决。

12．运动员的行为不端。裁判长有权对任何有行为不端的运动员做出强制退赛和开除或驱逐等处罚。

13．撤换裁判员或司线员。裁判长有权撤换技术官员团队的成员。

二、裁判员的职责

1．基本职责。裁判员负责一场比赛中所有与进程和判罚有关的裁决。

2．赛前检查。每场比赛开始前，裁判员必须：

（1）执裁工具。检查比赛所需物资的可用性和适用性，如比赛用球、记分表、铅笔和计时设备等。

（2）场地条件。认真检查比赛场地的准备工作，包括清洁、照明、球网高度和位置、场地标记和潜在风险等。

3．赛前简报。每场比赛开始前，裁判员必须在场边召集运动员：

（1）球拍检查。检查运动员的球拍是否符合球拍规格的规定。

（2）规则修改和场地障碍。指出已获得批准的规则修改、场地异常情况和可能对比赛产生不利影响的场地非标准条件等。

（3）界线判定的责任。向运动员明确在界线判定方面，裁判员、运动员和司线员（如果有）各自的责任范围。

（4）发球权和场区的选择。使用任意公平的方法来决定哪方运动员可以优先选择发球、接发球，或选择从哪一侧场区开始比赛。获胜者可以把优先选择权让给对方。一旦做出选择，其结果不得更改。

（5）起始发球员标识（双打）。确保每对双打组合的起始发球员按规定佩戴标识。

4. 主持比赛。在比赛中，裁判员必须：

（1）宣报比分。宣报比分以开始每个回合的比赛。当任何选手有延误比赛的迹象时，裁判员应宣报比分促使比赛继续。

（2）宣报得分。宣报每一次的得分。

（3）宣报第二发球（双打）。在双打组合的第一发球员输掉一个回合后，宣报第二发球。

（4）宣报换发球。在单打运动员或双打第二发球员丧失发球权时，宣布换发球。

（5）标注记分表。在回合结束、宣报暂停或判定处罚后，在记分表上做出适当的标注。

（6）检查球网。当球网受到扰乱时，重新检查球网的高度和位置。

（7）宣报违例。当违例发生时，做出识别和宣报。裁判员必须识别出所有同时发生的违例。

（8）界线判定。在运动员提出界线判定申诉，且司线员示意视线受阻时，协助做出界线判定。

（9）申诉判定。对运动员的申诉做出裁决判定。裁判员必须依据观察结果、相关规则和对情况的判断来处理申诉。裁判员可以通过咨询运动员和司线员来决定任何申诉的结果。

（10）司线员。监督和管理司线员的工作表现。

（11）阻碍。宣报阻碍和判断运动员呼报的阻碍的有效性。

（12）球的损坏。判断球是否损坏和更换的必要性。

（13）暂停。执行暂停程序。

（14）15秒提示。在每局比赛开始时、在判罚一次技术警告或技术犯规后，以及在任何类型暂停结束之前，宣报15秒提示，以促使运动员准备开始比赛。在15秒结束时，裁判员必须宣报比分，即使所有运动员都没有上场或没有做好比赛准备。当所有运动员同意时，裁判员可以提前恢复比赛。

（15）运动员的行为。监督和管理运动员的行为。裁判员有权宣报口头警告、技术警告和技术犯规，并有权判罚强制全局退赛和强制全场退赛。裁判员也可以向赛事总监提出开除或驱逐运动员的建议。

（16）比赛中最后一个回合出现的运动员错误或位置错误必须予以纠正，并在记分表提交给比赛操作人员之前继续比赛。

三、司线员的职责

根据比赛的规模，可以设置不同数量的司线员，司线员着装必须统一。司线员负责对指定的界线做出落点和脚部违例的判定，并根据裁判员的要求提供协助。司线员接受裁判长或裁判委员会的指派，裁判长和裁判员都可以更换司线员。司线员应准时到达比赛场地，当宣布比赛开始时，应该就位。司线员在未经裁判员许可或另一名司线员替代其职务之前，不得离开岗位。当然，在规定的休息时间内，司线员可以离开自己的位置。但是，当运动员回到球场时，司线员应准时返回其岗位。

每条端线和每条边线可以各指派一名司线员（4名），也可以每侧场区的两条边线各指派一名司线员，再加上端线（6名），或者由裁判员和辅助裁判员各自负责自己一侧的边线，而两条端线则指派两名司线员分别负责（2名端线司线员和2名裁判员，最低精确度的分配）。

好的司线员应观察敏锐，比赛中大部分是比较容易判断的球，但是也可能会遇到难判的球，这时就要考验一个司线员的机警和判断能力了。

参考文献

［1］王乐，于文谦．我国非奥运项目发展研究［J］．体育文化导刊，2014(5)：12–15.

［2］李泽楠，刘雯，马均骅．匹克球在我国发展的可行性分析［J］．运动，2018(8)：153，146.

［3］张兆龙，张明亚，蒙军，等．匹克球运动研究［J］．广西民族师范学院学报，2018，35(3)：38–40.

［4］美国匹克球协会．http://www.usapa.org.

［5］JORDAN D. Pickleball 50 years in the making［J］. Pickleball Magazine, 2016(1).

［6］LITTLEWOOD M., USA PICKLEBALL ASSOCIATION. Pickleball Fundamentals［M］. Champaign, Illinois: Human Kinetics Publishers, 2015.

［7］VAN TILBURG C. Introducing your kids to the outdoors［M］. Mechanicsburg, Pennsylvania: Stackpole Books, 2005: 24.

［8］MIRANDA. Pickleball a great cardio workout［J］. Pickleball Magazine, 2014(5).

［9］LEACH G H. The art of pickleball: techniques and strategies for everyone [M]. Phoenix: Acacia Publishing, Inc., 2005.

[10] HEO J, RYU J, YANG H, et al. Importance of playing pickleball for older adults' subjective well-being: a serious leisure perspective [J]. Journal of Positive Psychology, 2017, 13(1): 67–77.

[11] RYU J, HEO J, LEE C, et al. Feeling authentic during playing pickleball in later life: predicting positive psychological functioning [J]. The Social Science Journal, 2020, 57(2): 195–205.

[12] Sports & Fitness Industry Association (SFIA). 2019 Pickleball Participant Report, from the 2019 Physical Activity Council Sports, Fitness, and Recreational Activity Study [M]. Silver Spring: Tennis Industry Association, 2019.

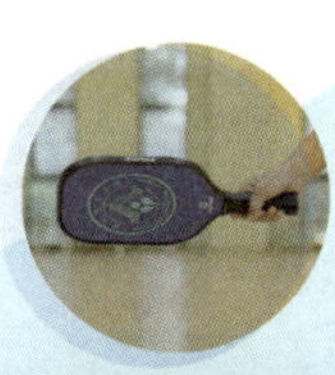